MEU TEMPO, MINHA VIDA

Luiz A.M. Giacobbo

Meu tempo, minha vida

1ª Edição
POD

KBR
Petrópolis
2016

Edição de texto **Noga Sklar**
Editoração **KBR**
Capa **ADC (authordesign.co) sobre foto do acervo pessoal
do autor.**

ISBN **978-85-8180-452-1**

KBR Editora Digital Ltda.
www.kbrdigital.com.br
www.facebook.com/kbrdigital
atendimento@kbrdigital.com.br
55|21|3942.4440

BIO026000 - Autobiografia, memórias

Bacharel em Letras e Direito, tendo atuado profissionalmente tanto na publicidade quanto no jornalismo, com passagens pelo mercado financeiro, **Luiz A.M. Giacobbo** nasceu em Rio Grande e vive em Porto Alegre, RS. É **e**minente cronista, tendo colaborado com vários jornais gaúchos e com a *Seleções do Reader's Digest*. *Meu tempo, minha vida* é seu primeiro livro publicado pela KBR.

SUMÁRIO

Nota do autor

Quando um rapazote de 20 anos, vindo da cidade de Rio Grande para morar em Porto Alegre com a roupa do corpo, um casaco novo e quinhentos mil reis, ganhos de seu irmão mais velho, poderia pensar, num dia qualquer, em escrever sua autobiografia? Tais e tão diversos foram os obstáculos enfrentados em sua vida, mas, ei-lo aqui. Com noventa anos já festejados, enfrentando o desafio. Não para vangloriar-se. Não. Longe disso. Até porque todos na vida temos de enfrentar desafios, se quisermos chegar aonde planejamos, não sozinhos, mas com o apoio de mãos amigas. E as há. Como um eventual leitor poderá constatar, se tiver coragem e paciência para me aturar.

A ideia foi provocada pelos meus netos. Afinal, como qualquer um de nós, eles têm o sagrado direito de saber de onde vieram. E o conhecimento de nossa origem explica muita coisa, para não dizer tudo. E, se não explica tudo, nos conforta e nos descansa, porque, afinal, como se costuma dizer, não pedimos para nascer. Mas, já que aqui estamos, sabendo de onde viemos ficamos mais esclarecidos e descansados quanto ao nosso futuro, ao fardo que temos que carregar pela vida afora, que pode ser suave ou não, o caminho que devemos trilhar.

Esta é a minha intenção: não apenas me exibir sobre tudo de bom e de correto que ocorreu em minha vida, mas, também, deplorar pelos erros porventura cometidos. E quantos! Afinal, não somos deuses. Somos humanos. Não somos perfeitos. E mesmo os santos pecam, só Deus é que não.

A você, meu caro leitor, que me deu a honra e o prazer de saber como foi, e ainda é a minha vida, desejo uma boa leitura. E mais, peço a Deus que você tire lições dos meus erros, porque os houve.

Bom proveito, e iniciemos a viagem.

Porto Alegre, fevereiro de 2016
Luiz A.M. Giacobbo

-1-
MINHA ÁRVORE GENEALÓGICA

Meus avós paternos, Emilio Giacobbo, filho de Francesco Giacobbo e Maria Bigoto, e Teresa Campana, filha de Giovani e Rosa Dalbianco, eram italianos.

Não sei exatamente de onde eles eram. Deduzo que de Schio, no norte da Itália, pelo fato de ter chegado às minhas mãos, faz algum tempo, uma medalha escolar com o nome de minha avó, que passei às mãos da minha primeira bisneta, Costanza, filha da minha primeira neta Mirelle com o italiano Ângelo Salvetti. Não sei exatamente se meus avós paternos vieram já casados para o Brasil. Pessoalmente, nunca os vi. Conheci apenas dois irmãos de minha avó — tio Pedro, que costumávamos chamar de Zio Pierin, e Zia Quinta, que morava num correr de casas na Rua Osvaldo Aranha. Havia uma outra tia, Zia Alba, que não cheguei a conhecer e que morava no Menino Deus. Meu pai, Francisco, costumava dizer que meu avô se embrenhara no interior do Estado, voltando a aparecer só muitos anos mais tarde, quando os filhos já estavam crescidos e casados. Quando ele apareceu, não quis vê-lo, alegando que, quando mais precisara dele, ele tinha ido embora. Seu pai mesmo, ao que tudo indica, teria passado a ser o tio Pedro. Com ele meu pai aprendeu a arte fotográfica, que se tornou sua profissão: fotógrafo. À época não havia muitos fotógrafos no interior, então eles viajavam, fotografando famílias que queriam deixar seus bustos fotográficos para seus descendentes.

Meu pai tinha três irmãs: tia Maria — na intimidade, Marieta —, que foi casada com um músico que morreu tuberculoso. À época, os cinemas eram mudos, ficando o fundo musical a cargo de uma orquestra que tocava noite adentro. Razão, quem sabe, da sua doença. Marieta era costureira, morava no Bom Fim. A segunda chamava-se Rosa Maria, Rosina na intimidade, casada com João Clodomiro Fontes. Teve quatro filhos: o Person; a Pérsia, que foi a minha primeira namorada, logo após eu deixar o Seminário e vir morar em Porto Alegre; o Claudio, grande pianista; e a Tereza. A terceira, tia Elisa — Iseta, na intimidade —, casou-se com um comerciante da Rua Voluntários da Pátria, chamado Ângelo Mazzaferro. Neno, na intimidade. Iseta e Neno tiveram dois filhos, o Regis, hoje advogado, e o Renato, já falecido.

Já os meus avós maternos chamavam-se Luiz Arthur Masseron e Amélia Ribeiro Masseron. Meu avô era francês, nascido em Bordeaux, na região francesa dos vinhedos, em 25 de junho de 1857, filho de François e Jeanne Masseron. Era médico. Após concluir seu curso de medicina, transferiu-se para Montevidéu, no Uruguai, onde permaneceu por pouco tempo, vindo em seguida residir em Rio Grande, onde se tornou um médico renomado. Quando do famoso surto da varíola, que, à época, assolou a cidade, foi o único a atender os enfermos, granjeando com isso merecida reputação. Além de médico, foi Capitão da Guarda Nacional, membro do Partido Republicano várias vezes reeleito para a Câmara Municipal, associado da Loja Maçônica Acácia e conselheiro benemérito do Asilo de Velhos e da Santa Casa de Misericórdia. Faleceu em 21 de outubro de 1923. Acredito que me deram seu nome em sua memória, pois nasci no ano seguinte.

Minha avó, Amélia Ribeiro, nascida em Rio Grande, era filha de um próspero comerciante. O casal teve sete filhos: tio Arthur; Maria Amélia, minha mãe; tia Noemi, minha madrinha; tio Mariense; tio João Luiz; tia Diva; e tia Letícia. Também não conheci pessoalmente os tios Arthur e Mariense. Tio Arthur, não sei por que cargas d'água, foi morar por um certo tempo na França. Contava minha mãe que em Paris ele dormia em bancos de praça. Condoída, pediu a meu avô que o trouxesse de volta. Mais tarde, de volta ao Brasil, Arthur se casou com Deoclécia Brito, tia Picucha, como a chamávamos. Tiveram dois filhos, a Lidia e o Arthur. Tia Picucha era muito brincalhona. Na época, como em todas as cidades do interior, os moradores se sentavam na calçada da casa nas noites de verão. Acredito que para nos assustar, ela nos contava que, certa noite, passou um bando de bruxas voando, enquanto gritavam: "Picucha, Picucha!" Nós achávamos essa história o máximo.

Tio Mariense, por sua vez, viajava pelo interior do Estado, clinicando. Não era médico formado. Deve ter aprendido a clinicar com meu avô, tornando-se médico licenciado, o que era comum na época, na falta de faculdades. Viajava a cavalo. Tendo se metido com a mulher de um estalajadeiro, em cuja estalagem parava em suas andanças, acabou, segundo contava minha mãe, baleado e morto no entroncamento de uma estrada. Tínhamos em casa um cobertor vermelho com o buraco da bala, e quando crianças gostávamos de ouvir a narrativa da mãe sobre o episódio. Não existiam ainda as famosas capas apropriadas para se andar a cavalo, criadas anos mais tarde por A.J. Renner.

Tia Noemi não se casou. Tia Diva se casou com um inglês, Charles Darley, com o qual teve três filhos: o Carlinhos, a Jessie e o Lester. Charles era tesoureiro da Agência do Banco de Londres em Rio Grande, um bom emprego, a ponto de ter se dado ao luxo de levar minha tia à Inglaterra só para conhecer sua família. Mais tarde, se mudaram para Pelotas. O sonho dele, que nunca se realizou, era que seu filho mais velho, o Carlinhos, fosse jóquei. Meu tio era aficionado por corridas de cavalo.

Finalmente, a última de minhas tias maternas, a tia Letícia. Era muito alegre e brincalhona, estava sempre rindo, gostava de nos empurrar no balanço. A família, ao tempo de minha avó, não era voltada à religião. Com o correr dos anos, porém, minha mãe e as tias Noemi e Letícia se tornaram muito religiosas. Tia Letícia, então, solteirona também, desejou entrar para o Convento das Irmãs Carmelitas. Minha avó vetou seu desejo, não só por não ser ligada à religião, mas também porque a postulante teria que contribuir com um bom dote para o Carmelo.

Maria Amélia e Francisco Giacobbo.

Minha mãe conheceu meu pai, acredito, numa das idas dele ao Rio Grande, na companhia de tio Pedro. Casaram-se, e passaram a morar no imóvel contíguo à residência de meu avô, onde meu pai montou seu Atelier de Fotografia e Pintura. Tiveram sete filhos. Por ordem de nascimento: a Hespéria; o Cauby; o Joubert; o Eddie; eu, Luiz Arthur; a Simone; e a caçula Maria Teresa. Como se pode ver pela foto, meu pai, ao tempo de seu casamento, era um homem muito bonito. Minha mãe era bonita também.

-2-
MINHA INFÂNCIA

Nasci na cidade de Rio Grande (RS), na Rua Vinte e Quatro de Maio, número 424, no dia 16 de julho de 1924, dia dedicado a Nossa Senhora do Carmo. Como ainda se poderá ver, o número dezesseis tornou-se cabalístico para mim. Eu era o mais moço dos filhos homens. Não sei se por isso, era muito apegado à minha mãe, e ela, acredito, a mim. Até a idade de dois anos, antes de nascerem minhas duas irmãs mais moças, eu dormia numa espécie de berço no fundo do quarto onde dormiam meus pais. Mais tarde, evidentemente, quando nasceram minhas duas irmãs mais moças, passei para o quarto dos meus irmãos.

Acredito, por muitas coisas e variadas razões, ter sido um garoto precoce. Naquela época, a parturiente não ia para hospital. O parto ocorria em casa, mesmo. Quando nasceu minha última irmã, Maria Tereza, enquanto minhas tias providenciavam as bolsas de água quente me meti embaixo da cama da mãe, dizendo que queria ver a cegonha chegar. Foi preciso minha tia Noemi pegar uma vassoura e me botar para fora do quarto.

Minha mãe costumava dizer que meu irmão Eddie (o Dico) e eu (o Juca), éramos a corda e a caçamba: andávamos sempre juntos. Juntos, iniciamos a nossa alfabetização no Grupo Escolar Bibiana de Almeida. Eu particularmente, não sei por que, era o queridinho da professora, tia Yara, que era amiga da

Hespéria. Ao invés de me sentar junto com os demais alunos, ela me fazia sentar perto dela, no estrado sobre o qual ficava o seu birô. Esse apego de dona Yara causava, naturalmente, ciúme entre os colegas.

A alfabetização dos alunos se fazia através de quadros grandes com letras e dizeres. Certa feita, li meio em voz alta, quem sabe até para me exibir, o que estava escrito num daqueles quadros, o que causou surpresa entre os colegas a ponto de um deles dizer: "Professora, o Luiz sabe ler!" Realmente, aprendi a ler muito cedo, e, tempos mais tarde, também a escrever. Com catorze anos publiquei um artigo no jornal católico da Paróquia São Pedro, *O Cruzeiro do Sul*. Completamos o primário no Bibiana de Almeida e fomos para o secundário, já agora separados: Eddie para o Ginásio Municipal Lemos Junior e eu para o Colégio São Francisco, dos Irmãos Maristas. Entre o Colégio e a nossa casa ficava a horta dos Irmãos. Vez por outra, pulávamos a cerca para roubar peras. Até que um dia o Joubert foi pego por um Irmão quando o estávamos resgatando, o que acabou com a nossa rapinagem.

Entre o centro da cidade e a assim chamada Cidade Nova estavam localizados, além dos cemitérios católico e protestante, algumas grandes empresas, como a Rheingantz, Fábrica Nova, Charutaria Poock, o Quartel Militar e os campos de futebol dos Sport Clubes Rio Grande, São Paulo e Rio Grandense. Fundado em l900, o Rio Grande, é bom que se diga, é o clube mais antigo do Estado. Rio Grande e São Paulo eram clubes rivais, que dividiam a torcida da cidade. A lembrança mais antiga que tenho dessa rivalidade é de quando o Rio Grande venceu o São Paulo, em 1934. Eu tinha, então, apenas dez anos, mas me recordo perfeitamente da flauta tocada:

Adeus taça querida, Campeão de Trinta e Quatro
Em que tudo perdi, só pelo pé de Donato.
Não houve prece, sapo seco ou bruxaria
que me fizesse tudo aquilo que eu queria.
Não houve uma santa camarada na igreja
Que me atendesse todas minhas orações.

Em pé, minha mãe, com o Cauby a seu lado, meu pai sentado comigo no colo, tendo a seu lado o Joubert em pé, a Heséria (sentada) e o Eddie, antes do nascimento das minhas irmãs Simone e Maria Teresa.

O Cauby, meu irmão mais velho, era torcedor incondicional do Sport Clube Rio Grande, e também do Grêmio Porto Alegrense. Ele se intitulava Luiz Carvalho, grande craque da época, e com esse nome subscrevia as cartas que tempos mais tarde me mandava, quando eu já não morava mais em Rio Grande. Lembrei-me desse fato quando, já em Porto Alegre, me deparei com um senhor gordo, meio a bombordo, e alguém me disse: "Olha, aquele ali é o Luiz Carvalho!" O que o tempo faz de nossos ídolos!

No salão no fundo de casa, onde estavam os apetrechos de fotografia de papai, como o revelador, o quarador e os retocadores, ficava também uma mesa grande para jogos de botão. Era o local de divertimento de meus irmãos mais velhos.

Donato, não é preciso dizer, era em 1934 o grande craque e ídolo do Sport Clube Rio Grande. O São Paulo também tinha um grande craque, o Darcy Encarnação, vendido mais tarde para o Sport Clube Internacional e depois ainda, para o Bagé. Ele já não era lá grande coisa, mas a fama ficou. Num duelo entre o time do Darcy e seu maior rival, o juiz apitou um pênalti a favor do Bagé. Quem iria chutar o pênalti? Naturalmente, Darcy Encarnação. Mas, antes que ele chutasse, o juiz apitou gol. Em resposta aos protestos da torcida, o juiz proclamou: "Darcy Encarnação não precisa chutar. É gol na certa". Coisas do futebol da época.

Sobre a fundação do Grêmio, leia-se o que escreveu o jornal *Zero Hora*, na edição de 04/10/1999:

> Ter apresentado o futebol aos porto-alegrenses já seria suficiente para o Rio Grande ter feito história. O primeiro clube do Estado, porém, ainda fez mais na visita a Porto Alegre. Oito dias depois da partida que mostrou aos seus moradores como se jogava futebol, a Capital ganhava seu primeiro time: o Grêmio. A chegada do Rio Grande foi o impulso que faltava para o paulista Cândido Dias da Silva reunir amigos, na maioria funcionários do comércio, para a primeira "pelada" disputada em Porto Alegre. No dia 13, todos foram para um campo improvisado em um local conhecido como Cascata. No lugar de traves, roupas marcavam as goleiras. A bola pelo menos era original. Tinha sido trazida de São Paulo, onde Candido conheceu e se entusiasmou pelo futebol. A primeira partida trouxe mais adeptos para o futebol. Dois dias depois, 33 deles se reuniram no Salão Grau, em frente à Praça 15 de Novembro, para fundar o Grêmio Foot-Ball Porto-Alegrense. Carlos Bohrer foi eleito como o primeiro presidente do novo clube. Pouco antes de completar seis meses de existência, o Grêmio fez seu primeiro jogo. No dia 6 de março de 1904, enfrentou o Fuss-Ball Club Porto Alegre na disputa de dois troféus: o

Wunderpreiss (com o time principal) e o Verenpreiss (segundo quadro). O Grêmio venceu os dois jogos por 1 a 0, mas Candido Dias não jogou. Foi o Juiz.

Rio Grande, campeão de 1934. Foto Giacobbo e Campana.

Quanto ao Sport Clube Rio Grande, leia-se, também, o que escreveu o jornal, com o título: "O melhor até o fim da década":

Nem o surgimento do Grêmio, ou do Inter em 1909 — retiraram do Sport Club Rio Grande a supremacia nos primeiros anos do futebol gaúcho. Depois do jogo de exibição em Porto Alegre, o time continuava fazendo excursões pelo Interior, para mostrar o esporte que havia chegado ao Estado em 1900. A força do time, que continuaria contando com seus fundadores até o fim da década, era tanta que foi o Rio Grande a equipe que o Estudiantes, da Argentina, escolheu como adversário para disputar o primeiro amistoso no Brasil, em 1930. Um dos fundadores do Clube, o ex-jogador Oscar Schmitt, garantiu em entrevistas que foi na primeira década que nasceu o estilo ríspido do futebol gaúcho. Os enfermeiros tinham muito trabalho, pois o jogo era duro, lembrou. Um ano depois da visita a Porto Alegre, a diretoria do Rio Grande comprou da Prefeitura o terreno onde seria construído o Estádio das Oliveiras. Também em 1904, o time teve a oportunidade de fazer mais uma partida histórica. Recebeu um convite para um jogo em São Paulo, mas as dificuldades de transporte e a impossibilidade de que os jogadores faltassem ao trabalho por muitos dias — ainda eram amadores, como ocorria no futebol do resto do país — impediu a viagem. Ainda na primeira década, o futebol começou a fazer sucesso em todo o país. Se em 1900 o esporte era conhecido no Rio Grande do Sul e São Paulo, dois anos depois era fundado o primeiro time do Rio de Janeiro — o Fluminense.

No centro da cidade de Rio Grande, à época, estavam localizados a Prefeitura Municipal, a Biblioteca Pública, considerada como possuidora de um dos maiores acervos culturais do Estado, quiçá do Brasil, a Alfândega Federal, os Bancos, o Mercado Público — onde, em um dos cantos, estava estabelecido o Restaurante Brancão —, a Igreja Matriz de São Pedro, considerada a mais antiga do Estado — a segunda mais antiga é a de Viamão —, a Igreja do Carmo, das Irmãs Carmelitas, e o famoso restaurante Gruta Bahiana. E, também, o famoso Cabaré da Mangacha, que por estar instalado numa cidade marítima, tinha grande afluência de marinheiros e embarcadiços.

A esquina mais próxima de nossa casa era a Rua Iataí, onde ficava o armazém Ao Clarão do Fogo, aonde meu pai ia tomar suas pingas vez por outra. E onde eu ia buscá-lo, a pedido de mamãe, quando estava demorando. Era lá também que o Eddie e eu ficávamos sentados nos sacos de açúcar, criando coragem para voltar para casa, onde nossa mãe nos esperava com uma sola no pescoço para ajustar as contas por alguma arte que tivéssemos aprontado. O proprietário era o Seu Nicolau Spinelli, que, debochando, chamávamos de "Nicolau perna de pau". Ele tinha dois filhos, o Chico e o João, este amigo do Cauby. Também na Rua Iataí, do outro lado da Vinte e Quatro, moravam as minhas amigas da família Hirch, que eram protestantes. Eu namoricava com uma delas, a Antonieta. Em frente da casa delas havia um tambo de leite, onde a gente, vez por outra, ia buscar leite quentinho, tirado direto do ubre das vacas. Ao lado era a vivenda dos Poock, proprietários da famosa Charutaria Poock. O palacete deles tinha à frente uma grande piscina, coisa rara para a época. Assim como os charutos, Rio Grande exportava também bolachas e biscoitos para o centro do Brasil, fabricados pela Indústria Leal Santos. Cansávamos de ir direto à fábrica comprar bolachas quebradas, que eram mais baratas. Ao lado da casa de meu avô morava a família Pedone. Vim a encontrar-me tempos mais tarde com um deles, o Caetano, que se tornou advogado respeitado. Os Rippol, Emilito, Vicente, Pepito e Vitor, também, eram nossos amigos. Com alguns deles também cruzei tempos mais tarde, em Porto Alegre.

Igreja Matriz de São Pedro, Rio Grande.

A Vinte e Quatro era uma rua de tudo: barbearia, padaria, fruteira, armador, costureira, sapateiro. Judeus e turcos. Para desgosto de meu pai, lá pelas tantas surgiu mais um estúdio fotográfico, o do Tonietti. De quem, naturalmente, meu pai tinha raiva, pela concorrência que passou a lhe fazer.

Apesar de todo esse comércio, à noite a Vinte e Quatro era uma rua tranquila, como então toda cidade interiorana. Sobretudo nas noites de verão, quando se podia, como em todas elas, sentar na calçada. Numa dessas noites, estávamos, minha mãe, Eddie e eu, contemplando o céu, quando, de repente, abaixo da lua redonda, como se fosse um cálice, apareceu uma bola branca, à semelhança de uma hóstia. A visão durou segundos, sem que nenhum de nós dissesse alguma coisa. Mais tarde, recolhidos à casa, contamos às nossas tias a nossa visão. Católicas até debaixo d'água, ficaram sentidas de não as termos chamado.

Durante o dia, cruzava a nossa Vinte e Quatro um bonde que vinha do centro e ia até a Cidade Nova. Tínhamos uma cachorrinha de estimação, a Teteia. Certo dia ela se soltou e atravessou a rua. Naturalmente, não se deu conta do bonde, que lhe cortou as duas pernas traseiras. Consultado, um veterinário aconselhou minha mãe a sacrificá-la; mas ela, que não tinha papas na língua, mandou-o sacrificar a mãe dele. Minha mãe cuidou da Teteia como se fosse uma filha. E ela voltou a caminhar.

Abrindo um parêntese. Ao longo dos anos, raramente tive um cachorro de estimação. Para dizer a verdade, tive dois, um quando morávamos na Avenida Bastian. Não guardo grandes lembranças dele. O segundo surgiu quando, já octogenário, casado em segundas núpcias com a Maria do Carmo, estávamos veraneando no balneário de Atlântida, a convite de minha filha Maria Cristina. Certa manhã, ao acordar, quando saímos para o jardim, nos deparamos com um cachorrinho preto. Uma surpresa! Procuramos na vizinhança, colocamos aviso no supermercado, mas não apareceu ninguém que se intitulasse seu proprietário. Ele era enjeitado mesmo, e a solução foi ficarmos com o bichinho.

Agora, ele não era mais enjeitado. Tinha pai e mãe. Hoje é nosso companheiro de todo o tempo. Dorme conosco, passeia conosco, viaja conosco quando vamos para São Francisco de Paula, onde a "mãe" dele tem uma casa de veraneio. Difícil vivermos sem sua presença. Quando ele nos apareceu estava ocorrendo, nos Estados Unidos, a campanha para presidente da República. Meu candidato preferido era o Barack Obama. Ganhasse ou não as eleições, estava ali o meu candidato! Então, o cachorrinho que me apareceu na praia e que até hoje está comigo, para surpresa de uns e gracinha de outros, atende por "Obama". Fim do parêntese.

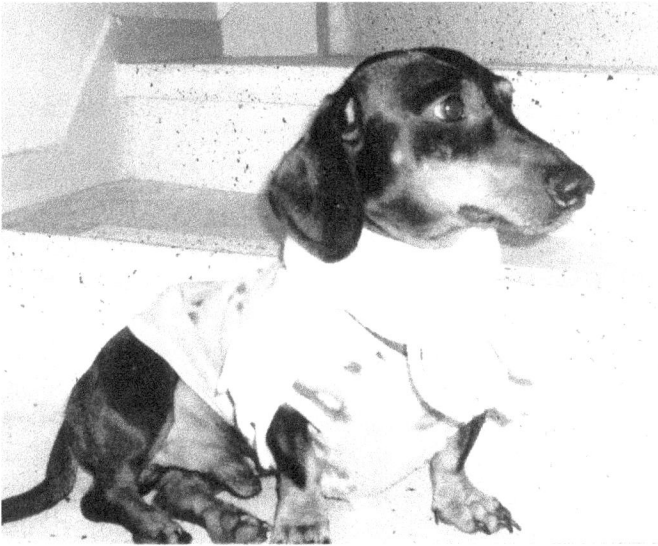

Obama.

Sempre considerei meu pai um precursor do SPC. No salão de entrada do estúdio, separado do local da família, que ficava aos fundos, havia uma escada que levava à parte superior. Nas paredes do hall de entrada havia quadros onde eram fixadas fotos de clientes. Havia clientes, porém, que se fotografavam, mas, por qualquer razão, não vinham buscar suas fotos, deixando, naturalmente, de pagar o trabalho encomendado. Meu pai, então, passou a usar de um estratagema que, passados os anos, revelei e publiquei na edição de outubro de 1998 da revista *Seleções do Reader's Digest*:

Meu pai, fotógrafo numa cidade do interior do Rio Grande do Sul, Rio Grande, encontrou uma forma original de cobrar seus devedores. Na vitrine de seu atelier, exibia com orgulho o produto de seu trabalho, fotografias em geral tiradas por ele. A partir de certo tempo, passou a fixar, entre as demais, fotografias de clientes que nunca vinham buscá-las. Nem feito o pagamento. Só que essas fotografias eram fixadas de cabeça para baixo. Ao ver o pretenso engano de meu pai, o transeunte apressava-se em alertá-lo: "Seu Jacó", como ele era chamado, "o senhor se enganou e colocou a fotografia do fulano de cabeça para baixo". Ao que meu pai retrucava: "não me enganei não. Enquanto esse caloteiro não vier me pagar o que me deve, sua fotografia vai continuar de cabeça para baixo". Avisado naturalmente do vexame pelo qual estava passando, o devedor, geralmente pessoa conhecida na cidade, apressava-se em saldar o débito, para ter a sua fotografia, ou a de toda a família, reposta na posição normal.

Como já disse, minha mãe e eu éramos muito apegados. Aonde ela ia, me carregava junto. Por exemplo, quando ia comprar peixe na banca do Mercado Público. Eu detestava o cheiro de peixe, que não suporto até hoje. Adorava, isto sim, ir com ela às procissões da Igreja. Certa feita, ela quis desistir do acompanhamento junto com a Hespéria, talvez porque estivesse cansada, e joguei-me ao chão chorando, em plena via pública, insistindo para que continuássemos seguindo a procissão. De todas as partes, a que eu mais gostava era a do Encontro, quando, em determinada rua, ocorria o encontro do andor de Nossa Senhora com o do Senhor Morto.

Em dado momento, meu pai resolveu tentar a sorte fora de Rio Grande. Do que me recordo é que ele foi primeiro para Cruz Alta, e, posteriormente, para Porto Alegre. A saída foi meu irmão mais velho, o Cauby, que já entendia do negócio fotográfico, assumir o estúdio. Para tanto ele precisou interromper seus estudos no Colégio São Francisco, quando estava completando o Propedêutico. Cauby ficou sendo o guardião da família, morando no estúdio. O Joubert foi trabalhar na Cia. Rheingantz, famosa empresa de tecidos da época. Posteriormente ingressou no Banrisul e, mais tarde, fez concurso para o Banco do Brasil. Aprovado, foi designado para a filial de Caxias do Sul, onde, após desfazer um noivado que contraíra em Rio Grande, acabou se casando com uma moça chamada Zilda Zugno, de conhecida e tradicional família local, com quem veio a ter dois filhos, a Suzel Regine e o Saint Clair.

Enquanto isso, Eddie e eu continuávamos como acólitos. A Hespéria há muito tempo morava com nossa tia avó e sua madrinha, tia Letícia, na casa ao lado da nossa, pois, com a morte de minha avó, o casarão do meu avô fora vendido e o dinheiro repartido entre os herdeiros. Recordo de ter acompanhado minha mãe quando ela foi depositar na Caixa Econômica Federal a parte que lhe coube: trinta e cinco contos de reis. Na casa ao lado do casarão, passamos a morar eu, Simone e Maria, com nossas tias e minha mãe, até minha ida para o Seminário. Minhas tias, a esta altura solteironas, estavam mais religiosas do que nunca, não perdiam missa. E eu, arteiro como sempre, quando se aproximava o horário, adiantava o relógio da casa. Minhas tias, coitadas, ficavam nervosas, temendo estar atrasadas e perderem a missa. Minha mãe, embora religiosa também, se divertia com as minhas traquinadas. Eu era o diabo em figura de gente!

Quando o casarão do meu avô foi a leilão, o comprador, veja-se o destino, foi o antigo inquilino de nossa casa atual, o seu Isaac Wolf — um judeu que nós conhecíamos desde quando chegou ao Rio Grande como mascate, vendedor de roupas de porta em porta. A família passou a ser nossa amiga. Apenas trocamos de moradia: eles passaram a morar no casarão e nós na casa modesta. A esposa se chamava Dora, uma senhora simpática, amiga da Hespéria. Tinham três filhos: a Fany, o Henri e a Estela. Viemos, os filhos e eu, muitos anos mais tarde, a nos encontrar em Porto Alegre: o Henri, médico, a Fany casada com um "patrício" amigo meu e a Estela, que me pediu em certa época para lhe dar umas aulas de francês. Quando meus irmãos malandreavam no estudo, lembro de minha mãe dizer: "Vocês têm de estudar para serem ricos mais tarde". Ao que eles, debochadamente, respondiam: "Nós vamos estudar para [ser] Isaac Wolf".

Seguindo a tradição da família, dos dez aos doze anos fui coroinha da nossa Igreja. Meus três irmãos me antecederam, e a função era remunerada. Não era grande coisa, mas servia para quebrar o galho de muita coisa lá em casa, já que, após determinado tempo, as finanças iam de mal a pior. Recordo de termos passado um bom tempo sem água, que foi cortada por falta de pagamento. À noite, clandestinamente, ligávamos a água.

A missa, naquele tempo, era rezada em latim. No altar, de costas para a assistência, o padre começava rezando assim: "*Introibo ad altare Dei*" [Entrarei no altar de Deus]. E o acólito respondia: "*Ad Deum qui laetificat juventutem meam*" [Ao Deus que alegra a minha juventude].

O vigário era um padre cearense, Pe. Eurico de Mello Magalhães. Não faço ideia, hoje, de sua idade. Era bem-apessoado, batina impecavelmente limpa, com um relógio de ouro no bolsinho da frente, cabelos escuros vaidosamente pintados. Grande orador, atraía não só fiéis, como admiradores. E admiradoras. Avançado para a época, o padre possuía uma "barata" Ford conversível. De acólito nos ofícios religiosos, me tornei uma espécie de secretário particular e pessoa de sua confiança, e, além disso, a pedido de minha mãe, seu afilhado de crisma. O padrinho de crisma do Eddie era o Sagrado Coração de Jesus. Nos dias do aniversário do padre, em que choviam presentes, sobretudo doces e tortas, sempre sobrava alguma coisa para eu levar para casa. E quando precisava ir à farmácia comprar preparado para o cabelo, junto com a recomendação de dizer que a loção era para meu pai, o troco era invariavelmente meu.

O máximo mesmo era passear aos domingos na "barata" ao lado do vigário, via praia do Cassino; mas se tudo isso me enchia de vaidade, me acarretava algum constrangimento. Para os amigos, passei a ser o "filho do padre". Com o correr do tempo, sem sentir, fui substituindo a figura do meu pai pela do meu vigário e padrinho. Não sei se meu pai, algum dia, chegou a ser o meu paradigma.

Certo dia, o vigário embretou minha mãe:

— Que tal mandarmos o Luiz para o Seminário?

Minha mãe ficou orgulhosa, mas contrapôs:

— Quem sabe mandamos o Eddie, que é mais quieto. O Luiz é muito sapeca.

Eddie, à esquerda, e Luiz Arthur.

Ao que o vigário respondeu:

— Olhe, a senhora sabe que eu tenho um irmão, que veio comigo do Ceará, é casado, e mora aqui perto, como a senhora também sabe. Ele foi sempre mais quieto e pacato, mas quem se tornou padre fui eu.

Desarmada, minha mãe falou por mim e aceitou a proposta. O sonho dela sempre fora ter um filho padre. Estava ali a sua realização.

-3-
O SEMINARISTA

O Seminário Menor de São José em 1937.

De repente, num dia qualquer do fim de fevereiro de l937, me vi na Gare Central do trem com minha mãe, a Hespéria e um baú que não se assemelhava a mala alguma, prestes a tomar o trem; não o trem que, seguidamente, me levava para o Cassino, quando em minhas fases de fraqueza eu precisava, a par de comer carne de pombo, tomar banhos de mar. Desta vez o destino era Santa Maria da Boca Monte, onde ficava o Seminário Menor de São José e onde eu iria iniciar os meus estudos rumo ao sacerdócio.

A primeira parada do trem foi em Pelotas. Lá subiram dois futuros companheiros, o José Nascimento dos Santos, natural de Pelotas mesmo, e o Ary Signorini, proveniente do interior, e também o Miguelito da Silva Tavares, de Pelotas, que cursava o Seminário pelo quarto ano. Trocados os cumprimentos de praxe, prosseguimos rumo à próxima parada, Bagé, onde se pernoitava. O pernoite, como aconteceria nos anos seguintes, era sempre no Colégio dos Padres Salesianos. No dia seguinte retomávamos o trem rumo a Santa Maria, onde o trem fazia baldeação para Val de Serra e o norte do Estado.

Na chegada em Santa Maria, lá estava nos esperando um caminhão. Malas colocadas, rumamos para o Seminário. Finalmente, eu iria conhecer a minha morada dos próximos seis anos. Na chegada ao Seminário, o meu primeiro choque: todos os alunos, a grande maioria proveniente da colônia, usavam calça comprida. Eu era o único a usar calça curta, o que se tornou, no início do ano, motivo de troça e brincadeira entre os companheiros. O velho Seminário ficava, à época, numa avenida de chão batido, na estrada de quem ia para São Sepé, onde se localiza hoje o Santuário de Nossa Senhora Medianeira.

Era um edifício de três grandes alas, como se pode ver na foto. No lado direito, o de quem entrava, havia um grande pátio, local que se prestava à ginástica, futebol e outros jogos. Ao fundo, uma grande horta, onde plantávamos e colhíamos todo tipo de hortaliças comestíveis. Havia também uma grande área coberta, onde ficávamos e brincávamos nas horas de folga e lazer, sobretudo nos dias de chuva. Ao fundo, os banheiros, onde tomávamos banho. Os banhos eram tomados uma vez por semana, de água fria, no verão e no inverno. Sapatos só usávamos quando íamos a alguma festividade na Catedral. De resto, o nosso calçado era, em qualquer tempo, chinelo sem meia. No andar térreo estavam situados, na parte traseira, os refeitórios dos alunos maiores e menores. As refeições se processavam em silêncio, com um aluno procedendo à leitura, primeiro de um livro de boas maneiras, e em seguida um outro sobre os mais diversos assuntos, escolhidos por antecipação pelo Padre Prefeito, como chamávamos o padre encarregado da disciplina. Lembro-me de ter ouvido pela primeira vez, por exemplo, que "o garfo é que vai à boca, não a boca ao garfo". Nós, alunos, nos revezávamos na lavagem dos pratos e na limpeza do refeitório. Ai de nós se a limpeza não fosse bem-feita!

A direção do Seminário estava a cargo dos padres jesuítas, aos quais incumbia a administração do educandário. Havia o Padre Reitor, o Padre Prefeito, os professores das diversas matérias — muitos deles ainda não ordenados sacerdotes, apenas fráteres — o irmão enfermeiro e os irmãos cozinheiros. Fráter era como se chamava um futuro padre, com o seu curso temporariamente interrompido. Ainda no térreo, à frente, ficava a capela, onde assistíamos à nossa missa diária.

No segundo andar estavam situados os salões de estudo. O maior, chamado Estúdio Medianeira, era o estúdio dos alunos dos quatro primeiros anos. Ao fundo deste havia um estrado alto, onde ficava um fráter que controlava os alunos, para que se ativessem exclusivamente aos estudos, sem conversa. Quando flagrava algum conversando, era castigado. O castigo consistia em ir para frente, de joelhos, até quando o fráter bem entendesse, e a falta expiada.

Tagarela como sempre fui, eu estava seguidamente cumprindo pena. A solução era levar um livro para ler, e eu sempre levava um Atlas, razão pela qual passei a entender tanto de geografia. No salão menor ficavam os alunos do quinto e sexto ano. Supunha-se que fossem mais conscientes, e não havia ninguém para fiscalizá-los.

Na parte superior da outra ala do prédio estavam situados os salões de dormir e os lavatórios. O dos alunos menores eram mais amplos, e o dos mais velhos, menores. Acordávamos às sete da manhã, ao som de uma sineta. Cada um fazia a sua cama, que precisava ser bem-feita, caso contrário tinha de ser refeita. Íamos ao lavatório para a nossa abdução matinal e, ato contínuo, descíamos para a missa e comunhão diárias. Também na parte de cima, mas em outra ala do prédio, ficava a residência dos padres dirigentes do Seminário.

"Estúdio Medianeira", onde começou, em 1929, a devoção à Mãe Medianeira. A foto é de 1941, vendo-se o Pe. Antônio Binsfeld ao fundo, de plantão.

No meu primeiro ano, o reitor era o Padre Pedro Lenz, natural de Santa Maria, uma criatura maravilhosa, educada, um verdadeiro pai. Toda a correspondência que recebíamos passava pelo seu crivo. Quando chegava alguma carta de casa escrita por minha mãe, se queixando da vida, Padre Pedro procurava me consolar. O cozinheiro era seu irmão, Irmão Paulo Lenz, que, infelizmente, veio a falecer no dia 3 de maio do ano seguinte, 1938. Seu substituto foi o Pe. Luiz Angerpointner, igualmente uma bela pessoa. O Padre Prefeito era Antônio Landolt, com quem tínhamos mais contato. Sabendo-me descendente de avô francês, ele me presenteou, certa feita, com um livro intitulado *Le Petit Parisien*. Foi o meu primeiro contato com a língua francesa.

As matérias lecionadas durante a minha permanência no Seminário foram religião, português, latim, aritmética, história universal, geografia, alemão ou italiano, inglês, canto e desenho. Guardo até hoje todos os meus boletins, bimestrais e anuais. No final de 1937, éramos 17 condiscípulos, e minha colocação não foi das melhores: décimo lugar. Em compensação, conclui meu último ano, 1942, como primeiro aluno.

Desde os meus anos no Seminário de Santa Maria começou a aflorar meu senso literário e jornalístico. Eu gostava de literatura, e acho que escrevia bem. Lembro-me de um episódio jocoso: já no último ano, tínhamos como professor de literatura o padre Mideldorf, vindo do Colégio Anchieta de Porto Alegre. Ele era exigente, nas nossas redações a nota máxima nunca passava de cinco. Certo dia, resolvi me vingar. Para uma redação livre pedida por ele, me vali de um trecho da *Retirada da Laguna*, originalmente escrita em francês, mas com edição brasileira, de autoria do famoso escritor Alfredo d'Escragnolle Taunay, membro fundador da Academia Brasileira de Letras. Escrevi como se fosse da minha lavra, mas, evidentemente, os colegas estavam avisados da minha traquinada. Quando o professor, para variar, meu deu um cinco, não me contive. Levantei o dedo, pedi para falar e lhe disse:

— Professor, o senhor acaba de dar um cinco a um dos maiores escritores brasileiros.

Ele não se deu por achado, fez como se não tivesse ouvido o que eu dissera.

No Seminário Maior de São Leopoldo, os seminaristas haviam criado uma revista, *O Seminário*. Fui convidado para ser seu correspondente em Santa Maria e encarregado de colher alguma matéria. Devo ter contribuído com algumas de minha autoria.

Além dos estudos, e dos passeios grandes mensais, como os chamávamos, tínhamos também uma vida de oração, com retiro anual de um dia, sem falar; a reforma mensal, como era chamada, num domingo de manhã; conferências espirituais; aconselhamento individual; meditação; missa diária; as festas religiosas; e os serões marianos. Em compensação, o dia do onomástico do Padre Reitor era um dia de festa. A comida era melhorada.

Em outubro de 1940, infelizmente, tomei conhecimento, através de meu vigário, Pe. Eurico, do falecimento do Bispo de Pelotas, Dom Joaquim Ferreira de Mello. Poucos meses antes, em 28 de abril, ele havia me mandado uma carta, informando-me, com entusiasmo, de como ia o Seminário de Pelotas, criado por ele. Nas férias, em algumas férias, quando ia para casa, eu não deixava de passar uns dias em Pelotas, hospedado no Palácio Episcopal. Era o máximo, para um rapazinho como eu, sentar-me à hora das refeições com o Bispo na cabeceira, o Monsenhor Silvano e Souza à sua direita, e o Pe. Antonino de Queiroz, todos cearenses, perto de mim na outra ponta da mesa. Afora um presente, geralmente em dinheiro, que o Bispo me dava quando eu ia embora. Nunca vou esquecer aquela santa e maravilhosa figura.

O novo Bispo, designado tempos mais tarde, foi Dom Antônio Zattera, de quem também recebi manifestações de carinho e encorajamento na vocação. Dele ganhei uma batina acetinada, igual à do meu vigário, que eu tanto invejara.

Dois fatos marcantes ocorreram durante minha permanência no Seminário Menor de Santa Maria. O primeiro foi meu ingresso como Congregado Mariano, em 8 de dezembro de 1940. Guardo até hoje a fita e a medalha da congregação. Para quem não sabe, as Congregações Marianas foram fundadas em 1563 pelo F.P. João Leunis S.J., professor no Colégio Romano. Desde o início, elas se distinguiram por três traços característicos essenciais: vida cristã fervorosa e exemplar, piedade sólida, comunhão e confissão frequentes (retiros fechados, meditação, exame de consciência diário), apostolado (visita aos hospitais, ensino do catecismo, defesa de Igreja etc.) e devoção especial a Nossa Senhora (reza diária do terço, celebração das suas festas e imitação das suas virtudes prediletas: pureza, caridade, humildade). O segundo fato marcante foi o meu alistamento militar, ocorrido em 1942, meu último ano no Seminário. O alistamento foi no 5º RAM (Regimento Mallet) de Santa Maria, o famoso "boi de botas" da Guerra do Paraguai. Minha especialidade foi telemetria, e nossa participação se cingia aos fins de semana, quando a cavalo subíamos e descíamos morros nos arredores da cidade. Para os demais, era um passeio. Para mim, porém, que nunca havia montado um cavalo, era um suplício.

Chegado o fim do ano, partimos para a prova final: saltar obstáculos. Os cavalos do quartel eram ruins de cabresto, mal alimentados; era só soar a corneta para o rango que os cavalos desembestavam. Com essa prova final seríamos aprovados como sargentos, reservistas de segunda classe. Sem a prova, a aprovação era como cabo. A mim, que não ia prosseguir na vida militar, pouco importou a minha aprovação como cabo. É o que consta no meu Certificado de Reservista de 2ª Categoria, emitido em 22 de dezembro de 1942. Era, também, o último ano de permanência no meu velho e querido Seminário Menor de Santa Maria, onde entrei guri de calças curtas e saí aprovado para uma nova etapa da minha vida.

A despedida nos fins de ano era tocante. Afinal, a gente passava um ano inteiro numa mesma casa, convivendo com as mesmas pessoas, como se fosse a nossa família, porque da nossa mesmo, havíamos estado distantes quase 365 dias. Antes da partida, a despedida era à frente de uma gruta de Nossa Senhora, ao redor da qual cantávamos o hino de despedida:

Se longe caminhamos do vosso Santuário
Ao vosso Seminário todos reconduzi.
Oh Mãe! Os filhos vossos nas férias protegei!

Na volta das férias era uma torcida para ver quem não havia voltado. Quem não voltava era porque, na concepção de alguns, ia se tornar caixeiro. Eram colonos na maioria, sem grandes perspectivas de trabalho além da roça, no lugar em que moravam. Ser padre era algo especial.

Pois no ano seguinte, 1943, fui eu quem não voltei ao meu velho Seminário Menor de Santa Maria, e não foi por falta de proteção da Virgem Maria. Terminava ali a primeira etapa da minha caminhada rumo ao sacerdócio. Em fevereiro, em companhia de minha mãe, que, acompanhada da minha irmã mais velha Hespéria, fora a Porto Alegre consultar o Dr. Saint Pastou de Freitas, o maior especialista em câncer à época, me apresentei no Seminarium Brasiliae Meridionalis de São Leopoldo, vulgarmente chamado à época de Seminário Maior de São Leopoldo, dirigido também pelos Padres Jesuítas, hoje UNISINOS.

O Seminário Maior de São Leopoldo em 1943.

Logo na entrada, minha primeira decepção. Veio recepcionar-me, casualmente, um padre com quem me havia desentendido em Santa Maria:

— O senhor ainda por aqui? — interpelou-me com a maior insensatez, já que, até então, nada havia ocorrido em desabono do meu comportamento.

Fiquei sabendo tempos mais tarde que o referido padre havia abandonado a ordem, tendo sido transferido para uma paróquia interiorana. Mais tarde ainda, abandonou o sacerdócio.

As matérias, ensinadas em latim, eram: Lógica e Ontologia, Homilética, Física e Química, Ciências Naturais, Língua Grega e Literatura, em cuja matéria fui contemplado, ao fim do ano, com nota 10. No Seminário Maior éramos tratados de uma forma mais adulta, tínhamos nossas camas individualmente separadas. Em nossas saídas usávamos batina. Os três primeiros anos eram denominados como Filosofia, e os quatro últimos eram a Teologia. As residências eram separadas. Não cheguei a conhecer o Padre Réus.

Em novembro, ocorreu o falecimento da minha mãe, e não tive oportunidade de estar presente ao seu velório. Passados os anos, quando ocorreu o então famoso caso da princesa Diana da Inglaterra, traída pelo príncipe consorte e em seguida exilada e morta na França, dediquei à minha mãe o seguinte escrito, intitulado "*Mommy*":

Não sei exatamente se era o preferido de minha mãe. Nem tampouco se havia preferência por algum de nós. Mas, eu era certamente o mais mimado. E lhe retribuía com um carinho todo especial. Ela era realmente especial para mim. Criança, me surpreendi muitas vezes pensando como seria se um dia nunca mais tornasse a vê-la. Ela morreu de câncer e eu não estive presente. Nem no enterro. Estava interno, como de seu desejo, no Seminário. Nas noites de novena, quando voltava tarde para casa e empurrava a porta da rua para entrar, eu primeiro gritava: "Mãeee". E não atravessava o corredor, longo e tétrico aos meus olhos de guri, até os fundos, onde ela se encontrava costurando, sem que me respondesse, "Estou aqui". Sua resposta, entretanto, só ocorria após chamá-la duas ou três vezes.

À época, eu ficava brabo com ela. Hoje, acredito, carente de amor e sofrida, ela gostava de ouvir repetida a palavra "Mãe". Decorridos os anos, já casado, adquiri um hábito, até hoje mantido, que me remete à infância. Sempre que entro em casa a primeira coisa é chamar por minha mulher: Mãe ou Mami. Católico, me considero um privilegiado. Nasci num dia consagrado a Nossa Senhora. Mais precisamente, a Nossa Senhora do Carmo. A figura da mãe, como se vê, continua presente em minha vida.

Após duas tentativas fracassadas de convivência amorosa com a criatura humana, (a primeira foi através de Adão e Eva, a segunda de Abraão e do povo eleito) Deus resolveu enviar seu próprio filho à Terra. Como Ele respeita as leis da natureza, precisava de uma mulher, em cujo ventre seu filho fosse gerado. A escolha deveria recair, como aconteceu, numa jovem. Virgem e judia. Porque judeu era o povo eleito. Essa virgem, por uma graça toda especial, e única na história da humanidade, tornou-se a Mãe de Deus. Agora, neste final de milênio, há um movimento, na Igreja Católica, com vistas a sugerir ao Papa a proclamação de um novo dogma. Desta vez conferindo a Nossa Senhora o título de Corredentora, Mediadora de Todas as Graças e Advogada do Povo de Deus. E precisa?

Que honra maior pode haver neste mundo do que ser mãe? Que honra maior pode haver, no céu e na terra, do que ser a Mãe de Deus? Com toda a beleza e sublimidade, decorrentes do fato de haver um Deus nascido de uma mulher! Já no terreno humano a monarquia inglesa precisava também de uma jovem que fosse a mãe do futuro rei. Ela devia ser virgem e anglicana. Porque anglicana é a Inglaterra. Nem sempre, porém, os planos de Deus coincidem com os dos homens. Diana foi a escolhida. Como Maria, deu o seu sim. Só que Maria deu um sim a Deus, e Diana a um homem. Foi mãe. Traída, acabou rejeitada. E, com a rejeição, lhe foi negado o título de Alteza Real. E precisava? A honra maior, ser mãe, rei algum da terra ou do céu lhe poderia tirar. Nesse episódio todo, que o mundo presenciou e chorou, um gesto, particularmente, me comoveu. O choro dos filhos, duas crianças, e seu cartão colocado sobre o ataúde da mãe, escrito simplesmente "*MOMMY*". Não era o adeus à rainha, que Diana nunca foi. Era o adeus à mãe, de quem ninguém poderia afastá-los. Só Deus. O mesmo adeus que não dei à minha mãe. Por isso, também eu chorei.

Em dezembro, conclui o primeiro ano de filosofia. Saí de férias e, no ano seguinte, tomei uma das mais difíceis resoluções de minha vida, sobre a qual ninguém teve a menor ingerência. Foi uma resolução exclusivamente de ordem e caráter pessoal: não voltar mais para o Seminário. Nunca vou esquecer quanto representaram para a minha vida os anos passados lá. Não apenas intelectualmente, mas sob todos os demais aspectos: foram a base da minha formação moral e comportamental, da minha postura cívica como cidadão e, mais tarde, como pai de família e educador de meus filhos. E tudo isso devo à Diocese de Pelotas, que financiou os meus estudos, e ao meu saudoso e querido padrinho, Padre Eurico de Mello Magalhães, que, decorridos os anos, somente tive uma única oportunidade de rever. Foi quando, já secretário da Diretoria do Banco Agrícola Mercantil S.A., acompanhei nosso diretor Dr. Egydio Michaelsen, então também deputado estadual, à inauguração da nossa filial em Rio Grande. Lembrei-me de meu padrinho e fui convidá-lo para benzer o estabelecimento. Devo-lhe a maior gratidão. Ele, sem dúvida, supriu a lacuna que meu pai, infelizmente, não teve chances de preencher.

Em 28 de fevereiro de 1976, aconteceu a abertura oficial das celebrações do Jubileu de Ouro do meu velho Seminário de Santa Maria. Foram convidados para a solenidade os ex-alunos, padres e leigos. Infelizmente, não pude comparecer, e para me redimir da falta, no dia 30 de abril daquele ano inseri, numa coluna que mantinha no *Jornal do Comércio*, intitulada "Sempre às Sextas-Feiras", uma crônica fazendo referência aos anos em que estive internado no Seminário. No dia 1º de agosto daquele ano recebi uma carta do reitor, Padre Breno Simonetti, meu colega de classe nos idos de 1937, no seguinte teor:

INSTITUTO SÃO JOSÉ
Parque Residencial Dom Antônio Reis
Santa Maria - RS

Santa Maria, 1º de agosto de 1976
Estimado Dr. Luiz A.M. Giacobbo
Saudações em Cristo

O Sr. Cardeal, no dia 1º de maio, no Encontro dos ex-alunos e ex-mestres, mencionou seu artigo "Sempre às Sextas Feiras", de 30.04.1976, e enviou o recorte ao Mons. Ernesto Botton.

Gostaria de inserir seu comentário numa pequena publicação que pretendemos lançar na Romaria Estadual, de 14 de novembro, quando encerramos oficialmente as comemorações do Cinquentenário do nosso Seminário. Iria publicada sob o título "Eles falam do seu tempo" ou "Ex-alunos lembram seu tempo".

Como a publicação é de outro gênero do que o jornal, e por questão de economia, pergunto se não poderia talvez refundir o artigo, se podemos publicá-lo na íntegra ou parte dele. Como estamos em cima da hora para entregar à tipografia o trabalho, peço ainda urgência no envio do que lhe pedimos.

Com muita saudade, nos mesmos sentimentos de gratidão a Deus e aos mestres e colegas.

Ass. Pe. Breno Simonetti.

Minha crônica dizia o seguinte:

Jornal do Comércio
Porto Alegre, 30/04/1976

Após um ano inteiro de fraternal convivência, nossa despedida, nada mais natural, era impregnada de uma atmosfera de saudade. Na noite anterior à nossa partida, nos reuníamos ao redor de uma gruta de pedra que continha uma estátua da Virgem Maria e entoávamos o nosso cântico de despedida. A canção fazia referência ao Santuário da Medianeira, ainda em construção, ao lado do velho Seminário — "Se longe caminhamos do vosso Santuário, ao vosso Seminário todos reconduzi. Oh! Mãe os filhos vossos nas férias protegei". As preces cantadas visavam a que a Virgem velasse por todos durante o período das férias e, se possível, fizesse com que todos, no ano seguinte, retornassem ao ambiente do qual se estavam despedindo. Na verdade, ou por falta de proteção ou de vocação mesmo, muitos não voltavam. Certo ano, eu também não voltei mais. E iniciei minha caminhada longe do velho Seminário.

Nos primeiros tempos, ficava meio constrangido, enrubescido, sem jeito, quando me perguntavam onde havia estudado, aprendido latim e grego. Contrafeito, acabava informando haver frequentado um Seminário, onde estudara humanidades e permanecera interno durante sete anos. Geralmente essa informação, para constrangimento meu, era recebida com deboche e considerações desairosas a respeito da vida em Seminário. Não era fácil, numa época em que a religião não tinha a abertura de hoje, suportar a flauta e a zombaria de alguns, o sarcasmo de outros e a incompreensão e a ignorância de muitos. Tudo isso, aliado a uma personalidade ainda não totalmente testada, fazia com que o respeito humano fosse avultando, a ponto de forçar a adoção, quase definitiva e incondicional, de uma mentalidade de grupo.

É curioso, e interessante até, analisar certos conceitos formados por nós, homens. Certas atitudes tomadas. Não temos constrangimento, por exemplo, de informar nossa preferência ou nosso engajamento político-partidário. Nem nossa atividade profissional, por mais humilde ou comum que seja. Facilmente aderimos ou nos filiamos a um clube esportivo. Temos respeito humano, porém, de declinar, diante dos outros, as nossas convicções religiosas. Isso se explica.

De um lado, religião parece coisa para mulheres. Sobretudo para mulheres velhas. De outro, se colocamos a descoberto, se proclamamos nossas convicções religiosas, sentimo-nos impedidos de fazer certas coisas. De praticar certos atos. Pois, se fazemos certas coisas e praticamos certos atos, entramos em flagrante conflito com as concepções religiosas que informamos esposar. É preferível, então, adotar a forma de um camaleão. Mudar de cor de acordo com as circunstâncias.

Superada a mentalidade de grupo e retomada a autenticidade, acaba passando também, e em consequência, o constrangimento. A vergonha de falar do passado e de dar testemunho das próprias ideias. O respeito humano é uma carcaça de que o homem em geral se reveste. Por algum tempo, por muitos anos e, às vezes, por toda a vida. Esta carcaça envolve a nossa verdadeira identidade. Desfigura a nossa personalidade. Expõe-nos de uma maneira diferente aos olhos dos demais. É, além disso, um fardo pesado. Oneroso. Quando, finalmente, conseguimos dele nos desfazer, sentimos uma sensação de alívio. Tiramos, em verdade, um peso de cima de nós. Conseguimos nos desvencilhar daquele nosso outro "eu". E passamos a ser nós mesmos, aos olhos do mundo e, principalmente, o que é mais importante, aos nossos próprios olhos. Daí em diante, tudo se torna fácil. Podemos, sem enrubescer, nos olharmos face a face. Frente a frente. É que, a partir de então, deixamos de ser camaleão e passamos a ser homem. Com erros, defeitos, vícios, negações. Mas, homens.

Essas considerações me vieram à mente, quando, meses atrás, fui convidado, na condição de ex-aluno, a tomar parte nas comemorações do cinquentenário do velho Seminário de São José de Santa Maria. Lamentavelmente, não pude comparecer ao encontro. Na verdade, não fez muita diferença. Porque o tempo, então vivido, não volta mais. Vale, entretanto, o registro. E, o que é primordial, o testemunho. Testemunho de uma das melhores fases da minha vida. Que, se me fosse dado, tornaria a viver. Em toda a sua plenitude. Em toda a sua pureza. Em toda a sua inocência. Retirado, ainda menino, do seio da minha família, passei a integrar uma outra família, heterogênea e maior. Onde ingressei de calças curtas e de onde emergi já quase homem feito. Nela plasmei a minha personalidade. Me enriqueci de conhecimentos culturais. De saber. De hábitos saudáveis. De princípios, conceitos e ideias que, ao longo dos anos, tenho procurado transmitir adiante, através da educação de meus filhos.

A mim, pessoalmente, não faltou proteção, mas vocação. Não me posso, assim, considerar um desprotegido. Nem um desertor. Apenas, em determinado momento, reconheci não ser aquele o caminho certo da minha vida. A vida de Seminário passou a constituir-se tão somente em um episódio, marcante e recheado das mais gratas e saudosas recordações. A realização, através do matrimônio, é tão importante quanto através da ordem eclesiástica. O básico, em qualquer estado de vida escolhido, é buscar a felicidade dentro dos planos de Deus. E dar testemunho, se possível constante e eloquente, de Sua existência. De Sua bondade. De Seu amor. "Vós não me escolhestes a mim", disse Cristo, certa feita. "Eu é que vos escolhi a vós". Instrumentos de Sua vontade, podemos e devemos ser úteis aos seus desígnios, em qualquer campo em que nos encontramos. Sobretudo, não fugindo, não se omitindo, não se escondendo, envergonhadamente, debaixo de uma carcaça. A qualquer momento, Ele põe a nu, sem o esperarmos, a nossa verdadeira identidade. E, para nossa felicidade, nós passamos a ser nós mesmos.

-4-
EM BUSCA DE UM LUGAR AO SOL

Em fins de fevereiro de 1944, desembarquei na praça da Alfândega, no centro da cidade, do vapor Geny Naval, que, à época, via fluvial, perfazia a rota Rio Grande - Porto Alegre. Como bagagem, a roupa do corpo, um casaco novo e quinhentos mil reis, dados ambos pelo meu irmão mais velho, o Cauby. Passados os anos, ele continuou morando por muito tempo em Rio Grande e eu acabei criando raízes em Porto Alegre. Nossa separação impediu que eu lhe retribuísse aquele ato de carinho. Permanecemos, entretanto, mantendo correspondência, e até hoje guardo algumas das cartas em meus arquivos. Muitos anos depois, já aposentado de seu Atelier de Fotografia e Pintura, Cauby se mudou com a família para Porto Alegre. Voltado para as minhas inúmeras e constantes atividades, não mantive a convivência carinhosa que ele merecia. Quando de seu falecimento, compareci a seu velório, como não poderia deixar de ser. Valendo-me, à época, da acolhida que eu tinha no *Jornal do Comércio*, dei, como ele merecia, o seguinte depoimento na edição de 3 de novembro de 1990:

Apenas um pai de família

No mundo moderno, para quase tudo se exige, cada vez mais, estudo, competência e conhecimento. Para a maioria das profissões, vestibular, faculdade, diploma. No entanto, para o mais importante, ser pai, não se exige nada. Bota-se filho no mundo irresponsavelmente. Viramos as costas e nos mandamos. Sem nos darmos conta do ato praticado. Quanto aos filhos, a vida vai ensiná-los, costuma-se frequentemente dizer. E os autores do ato mais importante da espécie humana vão em frente. Em busca de sua realização pessoal. Vão ser doutores, altos executivos, exímios profissionais, políticos, presidentes disto ou daquilo. Vão algumas vezes ser condecorados, honorificados, cidadãos eméritos. Alguns chegam até mesmo a ser famosos. E nós, pobres mortais, os admiramos. Os invejamos. Chegamos a nos frustrar por não termos chegado aonde eles chegaram. Nem a nossa morte terá o destaque da deles. Será apenas o passamento de um cidadão comum. Como a vida é discriminatória, pensamos. Até na morte ela faz distinção. Como se todos não fôssemos um dia nos transformar, segundo o Eclesiastes, no pó que sempre fomos.

Quando meu pai saiu de casa, em busca de uma melhoria profissional, deixou para trás mulher e sete filhos. A saída encontrada por minha mãe foi retirar do colégio meu irmão mais velho, o Cauby, para tomar conta do negócio do pai. Com isso, ele passou a ser o chefe da casa. Os sonhos de se formar ficaram para trás. Em nome de um objetivo maior e mais imediato, que talvez não fosse o seu. Mas que era o que a vida lhe reservara. E ao qual heroicamente não se negou. Até o casamento de minhas irmãs mais moças, a par de irmão, ele foi pai. Para mim, deu quinhentos cruzeiros e um casaco para enfrentar o mundo. Ele cuidou de nossa mãe até o câncer levá-la. E quando, passados os anos, meu pai voltou, ele teve a grandeza de acolhê-lo. E sustentá-lo também, até o fim de seus dias. Casou. Teve oito filhos. Quando a esposa de seu filho mais velho faleceu prematuramente, ele acolheu as suas duas filhas. Já não eram mais oito. Eram dez filhos. Ele os criou, educou e formou quase todos. Ao longo de sua vida nunca o vi se queixar, fraquejar ou desistir de sua missão exclusiva de pai de família. Não sei se algum dia ele sonhou com algo mais.

Agora ele morreu. A seu velório compareceram apenas os familiares. À missa de sétimo dia, mais dois ou três amigos de mocidade. Morto, com certeza não será nome de rua. Nem receberá homenagem póstuma alguma. Ao saber de sua morte, amigos meus limitaram-se a perguntar quem era ele. Aos olhos da sociedade, nada mais além de um simples pai de família. Igual aos milhares de anônimos, mas heroicos pais de família, que, estes sim, constituem a solidez de uma sociedade séria. Mas para sua família ele foi tudo. Foi um pai total. Aos olhos de Deus, um santo. Para mim, durante certo tempo, um segundo pai. Para ele, eu fui sempre o Juca. Meu carinhoso apelido de infância.

Quando da publicação desse meu artigo, recebi do amigo Rubens Ribas Garrastazu Almeida o seguinte fonograma: "Parabéns pela sorte de ter tido 'irmão pai' tão espetacular. A renúncia da vaidade pessoal pela família demonstra superioridade de espirito. Pêsames pelo passamento de pessoa tão bela".

**

Já em Porto Alegre, o destino era a casa de meus tios Ângelo Mazzaferro e Elisa, na intimidade Iseta, que moravam na Rua Felipe Camarão, bairro Bom Fim, com minha tia Marieta, viúva, que costurava para fora, e os filhos, pequenos à época — o Regis e o Renato. Eles me cederam um quarto no fundo da casa, onde me instalei.

A busca por um emprego, onde e qualquer que fosse, não foi fácil. Nunca havia trabalhado. Não tinha prática alguma. Nem comercial nem industrial. As poucas vezes em que, em decorrência da leitura de algum anúncio, precisava me apresentar, a pergunta era sempre a mesma: "Qual é a sua prática?"

Eu, então, tinha que desembuchar: "Olhe: eu sou bom em português, estudei latim, grego, italiano..."

"E datilografia? O senhor é bom datilógrafo?"

Honestamente, eu respondia que não, nunca tinha manobrado uma máquina datilográfica. A datilografia era a computação de hoje.

Os dias se passavam, e eu sem fazer nada, vivendo às custas de meus tios. Para pagá-los de alguma forma, e sem ter o que fazer, eu ia buscar o meu primo Regis no colégio em que ele estudava, o Colégio Bom Conselho. Ficava horas matando o tempo e esperando que as aulas terminassem.

Resolvi, então, às custas ainda dos meus hospedeiros, me matricular num cursinho de datilografia, que ficava em frente da antiga Praça Parobé, abrigo dos Bondes São João - Navegantes. O alto-falante do abrigo tocava quase sempre a mesma música: "Para o seu aperitivo, tome sempre a 'parobé', entretanto, não abuse se quiser ficar em pé". Aquela música repetitiva me fazia mal. Eu ficava meio tonto, mas não por mal alimentado, o que não acontecia. Era enjoo musical, mesmo.

Entre as muitas tentativas de encontrar um emprego, fiquei sabendo que a Associação Cristã de Moços mantinha à época cursos noturnos. Informei-me de quem era o seu diretor. Procurei-o e lhe propus a criação de um curso de preparação ao Artigo 91 onde houvesse a cadeira de Latim, à qual, evidentemente, estava me candidatando. A resposta foi negativa. Não recebi de parte do diretor, o Sr. Mário Cardoso Jarros, o convite que tanto esperava.

Diz-se que quem tem esperança sempre alcança. Se à época não recebi o convite para ser professor de latim, passados vinte anos recebi dele o convite para colaborar com uma coluna no *Jornal da Semana*, editado em Novo Hamburgo, que acabara de fundar com seu irmão. Colaboração gratuita, evidentemente, já que, à época, escrever para jornal era um hobby para mim.

Finalmente, Deus me mandou um anjo bom: o Padre Ignácio Valle S.J., que eu conhecia do Seminário de Santa Maria. Entre outras coisas, era um dos fundadores dos "Círculos Operários", e grande entusiasta da devoção à Nossa Senhora Medianeira de Todas as Graças. E também, não sei por que cargas d'água, conhecido do Sr. Archymedes Fortini, grande jornalista

do *Correio do Povo* e, à época, presidente da Associação Rio-
-Grandense de Imprensa.

Para quem não o conheceu, o Fortini tinha nascido na
Algéria, na África do Norte. Era professor de estenografia na
Universidade de Porto Alegre desde 1922, e no Instituto Porto
Alegre desde 1927; administrador da Santa Casa de Misericórdia desde 1934; e membro colaborador na construção da Catedral Metropolitana. Era sócio da Federação Aquática Rio Grandense, da Associação Rio-Grandense de Imprensa, do Sindicato
dos Jornalistas do Rio Grande do Sul, da Associação Brasileira
de Imprensa e do Instituto Estenográfico da França.

Fortini me colocou de correspondente na ARI, um emprego sem futuro. Tenho até hoje, já surrada, a carteira de associado da ARI, datada de 22 de julho de 1954.

Algum tempo depois, por intermédio e indicação do
próprio Fortini, entrei como "carancho" (reserva) para o corpo
de revisores do *Correio do Povo*. O trabalho, naturalmente, era
à noite, quando começavam a funcionar as rotativas. No início,
eu só trabalhava quando faltava algum revisor. Aos sábados,
porém, como o jornal de domingo era mais volumoso, havia
sempre vaga para mim. A revisão terminava alta madrugada.

Depois de algum tempo, fui efetivado como revisor. O
chefe da revisão era o Sr. Januário Lippo, um homem magro,
ranzinza e de poucas palavras. Quando, tempos mais tarde, resolvi deixar a revisão, comprometido com o meu primeiro emprego, ele não gostou, disse-me que eu estava perdendo uma
boa oportunidade de trabalho.

Os bondes funcionavam até a meia-noite. Como o serviço da revisão terminava após esse horário, eu tinha de voltar
a pé para casa. Porto Alegre ainda estava crescendo. Diferentemente de hoje, àquela hora as ruas eram desertas. Eu saía do
jornal e subia a Rua da Praia até à praça do Colégio do Rosá-
rio. Muitas vezes, quando cruzava a Rua da Praia, o Clube do
Comércio estava iluminado com a realização de um baile. E eu
ficava só olhando, invejando aqueles felizardos dançarinos. *Será
que algum dia*, pensava, *eu também poderia aproveitar a vida*

como eles? Eu mal podia adivinhar que, passados os anos, um dia eu seria sócio do Clube. Que minhas filhas nele viriam a debutar. E eu, como presidente do tradicional Rotary Clube Porto Alegre, muitas festividades viria a comandar. Da Rua da Praia eu pegava a Sarmento Leite até o cruzamento com a Oswaldo Aranha. Nas noites de inverno, a cerração e a névoa que vinha do chão, com mais de um metro de altura, vestiam a Redenção. Era de arrepiar. E eu tinha que chegar até à Rua Felipe Camarão.

Nunca fui assaltado. Um dia, apenas, percebi que um indivíduo me seguia. Apressei o passo e, ao chegar à casa de meus tios e tirar a chave da porta, percebi que não se tratava de um assalto. O sujeito era um travesti. Mandei-o à merda e entrei em casa.

Fiquei, pela vida afora, com uma dívida de gratidão ao Archymedes Fortini e ao *Correio do Povo*, à época o jornal de maior circulação no Estado, fundado em 1º de outubro de 1895 por Francisco Antônio Vieira Caldas Junior, pai do Dr. Breno Alcaraz Caldas, que nasceu em Porto Alegre em 1910. Bacharel em Direito, Breno Caldas começou a trabalhar no jornal em 1928, chegando a diretor da Cia. Jornalística Caldas Junior, que editava os jornais *Correio do Povo*, *Folha da Tarde* e *Folha da Tarde Esportiva*, e diretor-presidente da Rádio Guaíba S.A. O *Correio*, como comumente chamado, era o periódico de maior credibilidade. Abaixo dele ficava *o Diário de Notícias*, da cadeia de jornais do Assis Chateaubriand. Contava-se, como piada, que a credibilidade do *Correio* era tamanha que, tendo falecido o papa da época, o *Correio* não pôde dar o furo porque já estava impresso, pronto para circular. Como não estava ainda impresso, o *Diário de Notícias* deu a manchete. Uma senhora da sociedade, tendo lido a notícia do *Diário*, não acreditou na morte do papa: "Se o *Correio* não deu a notícia, então a notícia é falsa. O papa não morreu". O Dr. Breno, como o chamávamos costumeiramente, era uma pessoa ciosa de seu comando. Abaixo dele, como Gerente Geral, estava o Sr. Alcides Gonzaga. Contava-se, invenção ou não, que, certa feita, discutindo os dois sobre um negócio qualquer, o Dr. Breno teria dito: "Olhe, Alcides, nesta empresa mandam três pessoas: a primeira é o Breno, a segunda o Breno e a terceira o Breno".

Quando da passagem dos 80 anos do jornal, mandei uma carta do seguinte teor, a seu diretor, publicada na edição do dia 9 de outubro de 1975:

Ilmo. Sr.
Dr. Breno Caldas
D. Diretor do *Correio do Povo*
Nesta.

Dr. Breno,

Por duas vezes tive vontade de escrever-lhe. A primeira foi quando das homenagens e das manifestações externadas pelo falecimento de um daqueles três tipos humanos, nos quais o senhor, em seu "Uma vida dentro da outra", simbolizou a existência do *Correio do Povo*: o saudoso jornalista Archymedes Fortini.

A segunda foi agora, quando o nosso jornal vem de completar oitenta anos de existência.

Da vez primeira, o tempo passou e a vontade ficou na vontade. Não chegou, infelizmente a se concretizar. Digo infelizmente porque, sempre que ocorre um evento como a morte do Fortini, ou os oitenta anos do *Correio do Povo*, são comuns e mais diversas as manifestações. Muitas sinceras. Muitas espontâneas. Outras tantas pragmáticas e, até mesmo, convencionais, para não dizer de conveniência.

A minha manifestação, naquela oportunidade, teria sido sincera e, mais do que sincera, obrigatória. Isto porque, ao ouvir, ao ler e ao sentir o quanto a nossa comunidade devia e ficou devendo a Archymedes Fortini, eu me lembrei da minha dívida pessoal para com ele. Não era uma grande dívida. Notável. Sensível, aos olhos do grande público, como todas aquelas obras benemerentes, para as quais ele prestou o seu concurso e de quem elas tanto dependeram. Nem mesmo poderia ser uma grande dívida, porque pequeno era o devedor, embora grande na alma, no coração, na bondade, na humildade e na simplicidade fosse o credor. Recém-chegado do interior em busca de um emprego, de minha realização profissional, bati em muitas portas, as quais nem sequer me foram abertas, para que eu pudesse dar uma espiadinha que fosse para ver se não havia um lugar para mim.

Quantas e quantas vezes passei pela Rua da Praia para namorar o velho letreiro do velho prédio do Correio do Povo. Até que um dia, pela mão de um amigo, o padre Ignácio Valle, cheguei ao Fortini. E ao meu primeiro emprego. Correspondente da Associação Rio-Grandense de Imprensa. Desse primeiro emprego, apenas, a revisor do Correio, tudo foi mais fácil. E de revisor do Correio para a vida afora foi necessária a verificação de um anunciante anônimo, o antigo Banco Porto Alegrense S.A para na segunda-feira iniciar uma carreira, na qual, sinceramente, galguei todos os postos a que me propus.

Profissionalmente realizado, repisando um gesto comum à maioria dos homens, nunca mais voltei para agradecer ao Fortini. Nem ele, talvez, se lembrasse mais de mim. Mas, eu me lembrei dele quando tantas e tão merecidas homenagens lhe foram prestadas, quando de seu trespasse. A minha foi anônima. Foi minha só.

Temi que esta segunda vontade de escrever também ficasse na vontade. Afinal, o nosso Correio e o senhor já receberam tantas homenagens de apreço, em número tal e tão expressivo, que mais uma, e logo a minha, pouco significado teria.

Ademais, talvez o senhor nem sequer se desse, como realmente não sei se vai se dar, ao trabalho de lê-la. E eu teria escrito em vão. Não, em vão, não. Porque, o que deveras importa, não é que o senhor leia, mas que eu escreva. Escrevendo estou cumprindo um dever comigo mesmo, não com o senhor, nem com ninguém. Assim, desta feita a carta saiu. E saiu para dizer-lhe, simples e despretensiosamente, o quanto o Correio do Povo marcou a minha vida. Nele iniciei, praticamente, o meu primeiro trabalho. E nele, hoje, decorridos tantos anos, realizado numa profissão que inicialmente não pensava abraçar — eu pensava, mesmo, era em ser jornalista —, tenho encontrado guarida para muita coisa. Até mesmo, veja que voltas o mundo dá, para a publicação de alguns ensaios literários (se é que nesta idade ainda se pode ensaiar alguma coisa).

Tudo isto de bom na minha vida ocorreu, sem o senhor o saber, dentro da vida de um jornal, que, na sua manifestação, é a sua própria vida. Não sei, finalmente, se lhe interessava ouvir isto. Mas, a mim, interessava dizer-lhe.

Porque — e neste finalzinho permita-me uma ponta de vaidade, ou de sinceridade, — o senhor e o Correio hão de ter ajudado tantas pessoas, tanta gente, e quantos voltaram para lhes agradecer? Eu precisava voltar. E voltei. Ficará tão somente a dúvida, por certo insignificante e, para mim sem importância, se o senhor pessoalmente notou. O nosso Correio do Povo por certo tem notado.

-5-
MEU PRIMEIRO EMPREGO

Num determinado dia de julho, trabalhando na revisão no *Correio do Povo*, me deparei com um anúncio fechado, oferecendo vaga para funcionário num determinado estabelecimento bancário. Evidentemente, como era comum à época, no corpo do anúncio não aparecia quem era o anunciante. Mas, afixado no texto, para efeitos internos do jornal, aparecia, sim, o seu nome. Era o Banco Porto Alegrense S.A., situado na Rua General Câmara, n° 253.

Na segunda-feira pela manhã, me apresentei no Banco, candidatando-me à vaga. Fui mandado ao diretor, Sr. Jaime Trindade. Quando lhe informei que estava me apresentando como candidato a ocupante da vaga anunciada, ele mostrou-se surpreso:

— Como é que o senhor sabe que estamos precisando de um funcionário?

— Não vou lhe enganar — respondi. — Acontece que eu trabalho como revisor do *Correio do Povo* e pude ter acesso ao seu anúncio.

— O senhor é um rapaz muito esperto — disse-me ele. — Como é seu nome? — perguntou.

— Meu nome — disse-lhe eu — é Luiz Arthur Masseron Giacobbo.

— Donde é o senhor? — perguntou.

— Sou de Rio Grande — respondi.

— E que o senhor é do Doutor Masseron?

— Ele era meu avô — retruquei. — Em homenagem a ele é que meu nome é Luiz Arthur.

— Ah! — disse o diretor. — Mas seu avô era o médico da minha família.

Depois de pesquisar toda a minha origem e os meus conhecimentos, o diretor me contratou como escriturário, com o salário de quatrocentos cruzeiros mensais. Era 17 de julho de 1944. Meu presente de aniversário, que havia ocorrido no dia anterior, dia 16, dia de Nossa Senhora do Carmo, minha eterna padroeira. No dia seguinte, me apresentei para o trabalho.

Meu primeiro posto foi na Carteira de Contas Correntes. Meu chefe era o senhor Schertel, um homem moço, bem-apessoado, mas muito exigente. Com ele, tudo tinha de ser certinho. Era uma pessoa muito asseada. Quase, eu diria, efeminado. Competente e, reforço, exigente. Não vinha barbeado de casa, me chamava a atenção que ele ia todos os dias à barbearia, que ficava ao lado. O contador era o Sr. Hans Donner, um alemão de poucas palavras. O tesoureiro-chefe era o Sr. Pércio Nogueira, um senhor de baixa estatura. Elegante, ao sair enfiava o seu chapeuzinho caído para o lado. Havia, ainda, o Sr. Queiroga, que eu conhecia de Rio Grande, quando ele trabalhava na filial do Banco Porto Alegrense naquela cidade, e pertencia aos vicentinos, a Irmandade de São Vicente de Paula de ajuda aos velhos, como a da Igreja São Pedro. O diretor principal e proprietário do banco era o Sr. Maurício Pinto, um fazendeiro que se dera ao luxo de comprar um banco. Era, quase, eu diria, uma pessoa figurativa. Quem ditava mesmo as regras era Seu Trindade.

No fim do ano, próximo ao Natal, seu Maurício perguntou a Seu Trindade, em que data ia cair o Natal naquele ano. Seu Trindade respondeu:

— Na sexta-feira.

Ao que o presidente rebateu:

— Não é isso. Quero saber o dia do mês.

— Ora, Maurício, o dia do mês é o de sempre, dia 25.
Piada? Não sei.

Havia ainda um subdiretor, Manoelito Paiva Teixeira, pessoa elegante, que, tempos mais tarde, fiquei sabendo, que tinha sido namorado de minha sogra.

Meu primeiro salário foi ao mesmo tempo ansiado e decepcionante. Eu passava diariamente por uma sapataria e namorava um sapato vermelho de solas grossas. Seria, ao lado de dar algum dinheiro à minha tia pela hospedagem, o destino do tão ansiado pagamento. À época, naturalmente, o salário era pago em dinheiro, dentro de um envelope, com o respectivo recibo passado ao banco. Havia, no banco, um local onde os funcionários penduravam os casacos. Ingênuo e puro, como achava que todos os demais fossem, botei o meu salário no bolso do meu casaco. Terminado o expediente, fui direto à sapataria comprar o tão ansiado sapato. Provei-o. Tudo ok. Quando pus a mão no bolso para pagá-lo, não havia dinheiro algum. Que decepção! Eu havia sido roubado. O meu tão esperado primeiro salário!

No dia seguinte dei queixa do ocorrido. Evidentemente, não fui reembolsado. E, quem sabe, tido como um ex-seminarista ingênuo, desconhecedor do mundo em que ingressara. Era a minha primeira experiência do mundo fora de um Seminário. Fui apenas aconselhado, pelos próprios colegas, a não repetir, ingenuamente, a mesma bobagem.

Decorridos os anos, já articulista de jornais, publiquei no *Jornal do Comércio*, edição de 18 de agosto de 1998, um artigo intitulado "A globalização do roubo":

> Sempre que se fala em desemprego, recordo ter sido também eu um desempregado. Foram dias, meses realmente angustiantes, morando de favor, sem dinheiro para as mais comezinhas despesas. Ainda bem que solteiro. Recém egresso de um Seminário, não tinha prática alguma que me habilitasse a um emprego qualquer. Quando me candidatava a algum, vinha invariavelmente a mesma pergunta: "O que o senhor sabe?..." A minha resposta era também honestamente

invariável: "Sei latim, português, um pouco de grego, francês e italiano". Então, a sentença final, a despedida sem ter sido empregado: "Lamentavelmente, não podemos empregá-lo". Resolvi aprender datilografia. Correspondia à computação de hoje. Com isso, depois de gastar muita sola de sapato, consegui meu primeiro emprego num banco local.

E a primeira grande lição de vida: nunca se deve desanimar; com força de vontade e persistência, sempre se chega ao objetivo. Empregado, comecei a sonhar com o meu primeiro salário. Pagaria em primeiro lugar a meus tios, com quem morava. E compraria aquele par de sapatos. Solado de borracha. Tão cobiçado.

Diariamente cruzava pela sapataria. Lá estava ele, novinho. Sorte, ninguém ainda o havia comprado. Foi, talvez, o mês mais longo da minha vida. Finalmente chegou o fim do mês. Recebi o tão ansiado salário. Naquele tempo, pago em espécie, dentro de um envelope. Guardei-o no bolso do casaco, dependurado num cabide comum a todos os funcionários, existente numa saleta. Terminado o expediente, corri à sapataria.

Que vexame! Ao tentar pagar a compra, cadê o dinheiro? Eu havia sido roubado. Dentro do próprio banco. Um bancário, colega, era o gatuno. Nem quis saber quem era. Tampouco desanimei. Um traço aliás, do meu caráter. Esperei mais um mês e comprei o par de sapatos. E paguei à minha tia. Ex-seminarista, ingênuo, esquecera a lição evangélica, aprendida no Seminário: no mundo não existem só cordeiros. Há muitos lobos também. E vorazes. Sempre dispostos a nos assaltar.

Sempre sonhei ser, um dia, escritor. Frustrado, vejo os anos passarem e o sonho cada vez mais distante. O máximo conseguido até aqui têm sido crônicas e artigos publicados no Jornal do Comércio e alguns outros. Alguns transcritos em revistas e boletins. Locais e do país. Com quinze anos já escrevia em jornais da minha cidade, mas a persistência do tempo de procura do primeiro emprego, esta continua. Meses atrás enviei uma pequena colaboração para a conhecida revista internacional *Seleções do Reader's Digest*. Pois não é que entre tantas colaborações enviadas do mundo inteiro, a minha foi selecionada? Será publicada numa de suas próximas edições. Não é o bicho?

Meu velho sonho de escritor, paradoxalmente, despertou. E ainda vou receber em pagamento duzentos reais. Meu primeiro salário como "escritor". Só tem um senão: esperava receber um cheque, e não ia descontá-lo. Ia colocar num quadro na parede do meu gabinete. Como estímulo permanente a meu velho sonho. O senão? O pagamento será feito através de crédito em minha conta bancária. Como ela está quase sempre no vermelho, gerando juros, quem vai ficar com meu primeiro salário de escritor será o banco. Estarei sendo roubado pela segunda vez. A primeira por um pobre bancário brasileiro; a segunda por um rico banqueiro internacional.

Decididamente, é a globalização do roubo.

Em agosto, recebi a notícia do falecimento de meu pai. Ainda sem direito a férias, não pude comparecer a seu velório, como era meu dever.

Decorridos os anos, exatamente cinquenta e quatro, dediquei-lhe um artigo inserido no *Jornal do Comércio* de Porto Alegre:

Jornal do Comércio
Porto Alegre
Sexta-Feira, 7 de agosto de 1998

Carta a um pai

Meu querido pai,

Onde quer que tu estejas, não importa, eu te devia esta carta. Não tenho me referido elogiosamente a ti. Ao contrário. Até mesmo, aparentemente, tenho sido desrespeitoso. Já te chamei de irresponsável, omisso e ausente, em tua missão de pai. Gostaria, sinceramente, de poder dizer o contrário. Afinal de contas, e apesar de tudo, tu me deste o que de mais precioso alguém pode receber. Tu me deste a vida. Este maravilhoso presente recebido de Deus, através dos pais. Mas, a exemplo de outros pais, tu, visto assim de longe, com a experiência de um filho hoje mais velho do que o pai, não tinhas uma consciência exata do papel de pai. Nem podias ter.

Foste, simplesmente, jogado no mundo. Ainda pequeno, teu pai, viúvo, foi embora. Deixando-te a ti e mais três irmãs aos cuidados dos avós maternos. Os quais, como vejo agora pelos meus netos, podem fazer de tudo, mas não podem substituir os pais. Esta mágoa — criança sem mãe e órfão de pai vivo — tu deves ter levado pela vida afora. Refletida em todas as tuas atitudes. Inclusive — por que não? — em tua paternidade. Como tiveste um pai ausente, te foi difícil ser um pai presente. Como não tiveste um pai responsável, te foi difícil assumir a responsabilidade de pai. Se, em crianças, não somos cercados pelo amor de um pai ou de uma mãe, será difícil, mais tarde, transmitir amor. Só amor gera amor. O resto — irresponsabilidade, ausência, omissão — gera o resto.

Quando pequeno deves ter sentido tudo isso, mas não tinhas condições de avaliar. Decorridos os anos, sob o peso da bagagem da experiência, avalio a importância da consciência de ser pai. De dar amor para receber amor. Ao fim da vida, filhos crescidos e espalhados, deves ter sentido falta da nossa presença. É pena. Não soubeste aproveitá-la. Não conheceste a beleza de um lar feliz. Deixaste transcorrer o tempo de plantar e não chegastes à época de colher. Sei que, vivo fosses e pudesses recomeçar, vendo hoje teus filhos criados, rodeado de netos, serias um outro pai. Pois, de onde estás, deves estar vendo como o mundo seria diferente se os pais fossem verdadeiramente pais. Conscientes de sua responsabilidade. Da importância da sua presença. E se as mães fossem realmente mães. Lembrados, ambos, de que as palavras "mãe" e "pai", em todas as suas variações, meigas e suaves, só se ouve quando os filhos estão conosco.

Um dia, elas poderão se transformar em "ela" ou "o velho". E nós ansiando por ouvir, ainda que de longe, quiçá por telefone e, já agora, pela internet, aquelas duas palavrinhas mágicas.

Naquela noite em que jantamos juntos, tu deploraste só eu estivesse contigo. Mas, já se fazia tarde, pai. A noite ia longe. E a vida também. Todos haviam crescido. Só tu não te aperceberas. Nem ao teu enterro pude ir. A vida nos distanciara.

Mas, tu sabes, eu rezo sempre por ti. Como rezo por todos os pais e mães deste mundo. Sei que a oração não modifica o mundo. Mas, faz bem a quem reza. Modifica quem reza. Quanto mais não seja, torna-o consciente de sua responsabilidade de pai.

Até um dia, meu velho.

Quando da publicação desta "Carta", entre outras manifestações de leitores, recebi o seguinte telegrama dos amigos Cesar Franco de Rodolfim e sua esposa Beth: "Recebe nossos afetivos cumprimentos pela 'Carta a um pai', publicada no *Jornal do Comércio* de sexta-feira passada. Não só ficamos sensibilizados, como relembramos nossos pais que já nos deixaram. Que através da prece possamos confortar as pessoas que mais necessitam".

***

Decorridos alguns meses, fui promovido a um posto importante no Banco Porto Alegrense: fazer a escrita do movimento diário num livro grosso, numa escrivaninha especial, situada no fim da loja. Meu chefe imediato passou a ser o próprio diretor Sr. Trindade. Ia tudo correndo bem, quando, em certo dia, apareceu no banco para conversar com o diretor um senhor que, mais adiante, fiquei sabendo tratar-se de um membro do Conselho do banco. Estava precisando de um "correspondente", porque o que a sua firma tinha havia se demitido. Correspondente, à época, era o funcionário que redigia as cartas da empresa, dirigidas aos fornecedores e clientes, e cujo teor era informado pelo diretor, que, em seguida, aprovava ou não o texto redigido. Ele queria saber se Seu Trindade não tinha alguém para indicar. Seu Trindade disse que tinha um rapaz, funcionário do banco, que ele não gostaria de perder, capacitado para o cargo. Mas, como se tratava de atender a um pedido do conselheiro, ele abria mão do funcionário.

O funcionário era eu. Consultado pelo diretor e sabedor do salário, bem superior ao do banco, no qual eu não divisava perspectivas de ascendência de cargo e melhoria de salário, aceitei a proposta. Passara-se um ano exatamente. No dia 17 de julho de 1945, demiti-me do banco, sem precisar, obviamente, dar aviso prévio.

Mais cedo do que esperava, fui ao encontro do meu novo emprego. E fui aprovado. A empresa, Adolfo Silva e Cia., situada na Rua Voluntários da Pátria, era uma das grandes atacadistas de secos e molhados. O diretor estava satisfeito com o meu trabalho, mas a minha lua de mel com a empresa não durou. A empresa era boa, o salário também. Porém, o horário de trabalho era mais puxado que o do banco, que era de manhã e de tarde, como o da empresa. Mas, à tarde, o expediente do banco terminava às quatro e meia e, na empresa, às seis horas. Eu tencionava retomar meus estudos, já com vistas à Faculdade de Filosofia. Decorridos 17 dias na empresa, apresentei ao diretor o meu pedido de demissão.

Ele ficou agastado e perguntou-me a razão. Disse-lhe que tencionava retomar meus estudos e o horário da empresa, mais cedo ou mais tarde, iria me atrapalhar. Ele, evidentemente, não gostou. Não conseguindo me convencer, disse-me uma frase que nunca esqueci:

— O senhor é um soldado que arria a mochila no meio do caminho.

Eu lhe disse, educadamente, que pensasse como quisesse. E me despedi. Pesou também na minha decisão um fato singular. Havia terminado a Segunda Guerra Mundial, e o general Mark Clark, um dos heróis dos aliados, veio a Porto Alegre. Foi decretado feriado, comércio e bancos fecharam para o povo assistir ao desfile. A empresa não fechou. Todo mundo na rua festejando e nós lá no fundo, no meio dos sacos de açúcar.

A esta altura eu não morava mais com meus tios. Havia arrumado uma pensão, lá no final da Rua Riachuelo, perto do Gasômetro. Era uma casa daquelas antigas, com altos e baixos. Na parte de baixo morava a proprietária, e no amplo salão de cima os pensionistas, incluindo o pai de um deles, que, à noite, descia para o andar da proprietária. Lá travei conhecimento com um pensionista, funcionário do Banco Agrícola Mercantil S.A., o Ricardo Sone. Ficamos amigos, e ele me convenceu a voltar à vida bancária.

-6-
UM NOVO EMPREGO E MINHA INSERÇÃO NA SOCIEDADE

No dia 1º de setembro de 1945, fui admitido como escriturário do Banco Agrícola Mercantil S.A., o Agrimer, como era usualmente chamado, situado na Rua Sete de Setembro, nº 1077. O salário era de 450 cruzeiros mensais.

Na época, a Sete de Setembro era considerada a "Wall Street" de Porto Alegre. À direita de quem entrava no banco, na esquina com a rua Gal. Câmara, ficava o Banco do Brasil S.A. Na mesma esquina, em frente, o Banco Industrial e Comercial do Sul S.A. Defronte a este, do outro lado da rua, o pomposo edifício, ainda existente — é hoje o Cultural Santander —, que sediava o Banco Nacional do Comércio S.A. À esquerda, ficavam o Banco de Crédito Real S.A., o Banco do Rio Grande do Sul. S.A., e, mais além, na esquina com a Rua Uruguai, o Banco da Província do Rio Grande do Sul, que, nos áureos tempos, chegou a ser o banco emissor da moeda nacional. Em frente destes, no outro lado da rua, estava instalado o Citibank. A Sete de Setembro sediava, também, inúmeras casas de câmbio, como a do Paulo de Araújo Viana, a dos irmãos Maisonave, do Delapieve, do Rubem Borges Fortes, do Werner Gross e outras.

O Banco Agrícola Mercantil S.A. era sucessor da antiga Caixa Rural Santa Cruzense, de Santa Cruz do Sul, uma das

muitas Cooperativas Rurais de Crédito criadas pelo famoso jesuíta, padre Amstad, com o objetivo de ajudar financeiramente
os colonos. Surgiram várias caixas semelhantes no Rio Grande
do Sul. A Santa Cruzense, transformada em banco, se transferiu para Porto Alegre já com sua nova razão social. E começou
a instalar filiais em outras cidades — inicialmente no Estado,
mais tarde pelo Brasil afora. Com ela veio, também, um de seus
primeiros diretores, o Sr. Kurt Weissheimer. Natural de Montenegro, onde nasceu em 2 de maio de 1910, Weissheimer foi
primeiramente guarda-livros, como se dizia à época, do Banco
Pelotense, de 1924 a 1927; em 1928, foi gerente da filial do Banco da Província do RS., em Palmeira das Missões; e, de 1935
a 1940, gerente do mesmo Banco em Santa Cruz do Sul. Mais
adiante, quando passou a diretor do Banco Agrícola Mercantil
S.A., seu Kurt, como nós o chamávamos, era casado com dona
Celina Westphalen, de tradicional família de Palmeira das Missões. Tinham dois filhos: o Paulo, de quem, anos mais tarde, fui
padrinho de casamento, e o Raul, tempos depois meu companheiro no Rotary Clube Porto Alegre.

À época de meu ingresso no banco, era também diretor o
Dr. Egydio Michaelsen. Natural de São Sebastião do Caí, onde nasceu em 27 de fevereiro de 1908, era advogado, formado em 1930
pela Universidade do Rio Grande do Sul, tendo sido prefeito de
sua cidade de 1935 a 1943. Era casado com a Sra. Elita Pereira, de
tradicional família porto-alegrense. Tinham três filhos — Cássio,
Marília e Celso. Quando do meu ingresso no banco, era subdiretor
o Sr. Emilio Otto Kaminski. Natural de Porto Alegre, onde nasceu
em 20 fevereiro de l914, Kaminski foi um dos bacharéis da primeira turma de formandos em Ciências Econômicas pela Faculdade
de Economia da Pontifícia Universidade Católica do Rio Grande
do Sul. Com ele formou-se, também, o Sr. Pedro Torres Diniz, mais
tarde gerente da filial do banco, criada, algum tempo depois, na
cidade de Pelotas. Ocupava o cargo de subgerente o Sr. Derville
Reatti. Pouco tempo mais tarde, o Dr. Kaminski foi guindado ao
posto de diretor do banco e o Sr. Reatti ao de gerente da matriz,
sendo substituído tempos depois pelo Sr. Dante D'Andrea.

A minha permanência no Agrimer, de 1945 a 1956, se constituiu em uma das mais bonitas fases da minha vida profissional. Comecei trabalhando na Carteira de Contas Correntes. Meus chefes foram, primeiramente o Sr. Aymoré Wortmann Pitta e, em seguida, o Sr. Lauro Pires de Castro. O primeiro era um homem rígido. Certa feita se desentendeu com um cliente e lhe varejou uma pedra de mármore, que, felizmente, não acertou o alvo. Durante algum tempo lecionei, gratuitamente, algumas matérias em que seu filho não ia bem na escola. Mais tarde, transferido como gerente para a filial de Erexim, ele me mandou a seguinte carta:

Erexim, 20 de dezembro de1947

Prezado amigo Giacobbo,

Recebi, por intermédio do Kaminski, alguns números de nosso *Jornal*. Vejo, com prazer, que de mês para mês, melhora em todo o sentido, pelo que me congratulo com o ilustre redator, fazendo votos para que continue na mesma marcha para gáudio dos milhões de leitores e proveito do nosso banco. Agradeço-te pelos honrosos conceitos emitidos a respeito da minha humilde pessoa no último número. Não mereço tanto. Apreciei, ou melhor, percebi a dose de "curare" contida na tua nota.

Como já deves saber, no dia 16 deste mês, inaugurou-se a Filial, tendo todos os atos, religiosos e profanos, decorridos na forma. Junto te envio um exemplar do jornal da terra noticiando o acontecimento.

O Marçal, teu ex-aluno, submetido a exame de admissão à primeira série ginasial, passou com nota muito boa. Parabéns.

Com votos sinceros para que tenhas um Natal feliz e próspero Ano Novo, aqui fico ao teu inteiro dispor.

Ass. Aymoré W. Pitta

Já o Sr. Lauro Pires de Castro era um homem delicado, de família de generais, prestimoso, de quem muito me vali em diversas oportunidades. Passado algum tempo, quando houve alterações no quadro funcional do banco, o discurso de saudação ao Kaminski, por escrito, coube a um outro funcionário. A mim coube saudar, de improviso, o Sr. Reatti, o que causou expectativa entre os presentes. O Dr. Egydio me perguntou se eu era parente do Gastão Aslocher Mazeron, uma pessoa importante à época.

Criativo, como sempre fui, criei, junto com o Acioli Zacouteguy Fernandes, que era chefe da Carteira de Cadastro, a AFAPA — Associação dos Funcionários do Agrimer de Porto Alegre —, destinada a dar cursos diversos. Eu dava aula de português e, valendo-me da minha veia literária, criei um jornalzinho interno, *O Banagrimer*.

Na entrada e na saída do expediente, formávamos fila para bater o ponto. Era um empurra-empurra, cada qual querendo ser o primeiro. Havia um colega, tagarela, se bem me lembro de óculos, um ar aéreo, que cansava os colegas, a mim ao menos, discorrendo sobre futebol. Como se costuma dizer, era um monstrinho no assunto. De tanto ouvi-lo, um belo dia não me contive e lhe disse:

— Se tu entendesses tanto de português, como entendes de futebol, imagina o que tu serias na vida.

Laury Maciel, este era o seu nome. Tempos depois, veraneando em Atlântida, meu sogro me disse que havia se encontrado com um ex-colega meu de banco, que, ao saber que ele era meu sogro, disse-lhe o quanto ele devia a mim. À época fiquei satisfeito pelo bem que fizera. Mas, muito mais satisfeito fiquei quando, a par da tristeza, em 18 de setembro de 2002, me deparei, no segundo caderno de *Zero Hora*, com a foto do Laury Maciel (1924 - 2002), comunicando o seu falecimento e mostrando o acervo cultural deixado por ele. Me senti realmente gratificado pela minha crítica ao colega, lamentando, naturalmente, o seu passamento.

Passado algum tempo, acabei sendo promovido ao cargo

de secretário da diretoria. A correspondência da diretoria era toda a meu cargo. Em certa ocasião, veio ao Brasil o internacionalmente conhecido banqueiro Amadeo Peter Giannini, fundador e presidente do Bank of America, sediado em São Francisco da Califórnia, nos Estados Unidos, considerado, à época, o maior banco norte-americano. Contava-se que, quando houve um terremoto na costa americana, ele saiu à rua oferecendo crédito em ajuda aos prejudicados. Seu Kurt, nosso principal diretor, foi ao Rio conversar com Giannini, que costumava dizer que "nunca se sobe tanto a ponto de esquecer os pequeninos".

O Clube Juvenil da Economia.

De volta a Porto Alegre, nosso diretor escreveu um artigo no *Correio do Povo*, intitulado "Tomei uma aula com o banqueiro Giannini". Não sei se, em consequência, ele me mandou a São Paulo para conhecer o trabalho de determinado banco, que dinamizara as Cadernetas de Depósito de pequeno valor. Fui. E voltei, colocando em funcionamento, mais tarde, a conhecida "Campanha Juvenil de Economia", que visava a criar nas crianças o hábito saudável da poupança. Criei cadernetas especiais, coloridas. Quando a criança abria uma caderneta no banco, de qualquer valor, recebia graciosamente um estojo meia-lua, onde eram colocados lápis coloridos. Quando completavam o estojo ganhavam um lápis central. Grande.

Até hoje, decorrido mais de meio século, me deparo com pessoas, inclusive minha segunda esposa, que tinham caderneta de depósito do Agrimer. Criei, inclusive, o Clube Juvenil da Economia, que tinha até hino, como se pode ver na foto de um espetáculo realizado, num certo domingo, no Cinema Imperial da Rua da Praia, com a lotação esgotada e show musical a cargo da dupla cômica da época, Broda e Pinguinho.

Percorri todas as cidades onde houvesse filial do banco para lançar a campanha. Minha liberdade de ação era total. Certa feita, quando fui de avião a Ijuí, ao desembarcar da aeronave me encontrei com o diretor Weissheimer, que, admirado, perguntou-me o que eu fazia por lá.

— Vim lançar a campanha — respondi, tal era a minha liberdade de ação.

Num ato inusitado para a época, comprei uma camionete que mandei pintar com as cores do banco, e que estacionava em determinadas ruas de Porto Alegre para receber depósitos. A ideia durou pouco. Havia o perigo de intervenção do Banco Central, pois se tratava de uma agência ambulante.

Quando chegava às cidades, sempre procurava pelos colégios onde pudesse lançar a campanha. Como, na quase totalidade, não havia local para juntar todos os estudantes, a diretora os reunia, em filas, no pátio. Assim aconteceu, por exemplo em Rio Grande, no colégio onde eu havia estudado, o Grupo Escolar Bibiana de Almeida. Quando lá cheguei, qual a minha surpresa? A diretora não era outra senão a minha querida e saudosa professora dona Yara, cujo carinho comigo causava tanto ciúme aos meus colegas de então. Reunidas as crianças em fila, no pátio do meu velho colégio, soltei o verbo e preguei a importância de as crianças se educarem no hábito da poupança. Ao despedir-me, dona Yara me felicitou pela minha eloquência.

Passados os anos, valendo-me mais uma vez da acolhida que eu tinha na imprensa de Porto Alegre, em especial no *Jornal do Comércio*, escrevi:

Jornal do Comércio
Porto Alegre, 2 de setembro de 1997

Eu nunca a esqueci

Há fatos, coisas ou pessoas em nossa vida que dificilmente esquecemos. Quando criança, o primeiro Natal. Os primeiros brinquedos. Já crescidos, os primeiros folguedos. Os namoricos. Adultos, o primeiro amor. O dia do casamento. A primeira noite da lua de mel. O nascimento dos filhos e seus primeiros aniversários. O primeiro emprego. A essa lista — para uns, mais extensa, para outros mais curta — eu acresceria a minha primeira professora. Eu deveria ter mais ou menos sete anos quando ingressei no Grupo Escolar Bibiana de Almeida, em Rio Grande, para cursar o primário. Minha primeira professora se chamava Yara, dona Yara, como a chamávamos. Não tinha nada de "profe", nem de tia, como hoje. Há histórias de crianças que se apaixonam pelo mestre ou pela mestra. E vice-versa. Não foi o meu caso, nem tampouco o da minha professora. Mas, a verdade é que desde o início ela me dispensou um tratamento todo especial. Eu não me sentava nas classes com os demais, mas perto dela. De quando em vez, ela me fazia um afago qualquer. Ou passava a mão em minha cabeça, até mesmo me beijava. Tudo isso, naturalmente, despertava o ciúme de colegas, que tentavam roubar o meu lugar. Em vão. Continuei sendo o preferido.

Decorridos mais de vinte anos, já formado, casado, retornei ao meu velho Grupo Escolar. Fui lançar, como fizera em outros colégios do Estado, uma campanha de economia infantil, promovida pelo banco em que trabalhava. E lá estava, a minha professora. Mais velha, naturalmente, mas a mesma simpatia. Era agora a diretora da escola.

Foi um encontro rápido. Nunca mais repetido. O tempo, porém, não impede que, de quando em quando, me lembre dela. Sobretudo quando vêm à baila, pela imprensa, problemas, greves e outros fatos desagradáveis envolvendo o magistério. Nessas horas, não consigo imaginar dona Yara saltando das galerias para o plenário de uma assembleia. Ou, de punho cerrado, tomando parte em passeatas. Exigindo, com palavras muitas vezes ácidas, seus pretensos direitos. Quiçá justos. Mas que poderiam ser pleiteados através de meios mais condizentes com a dignidade da classe, e o exemplo a ser dado a seus alunos.

Que o salário dos professores não está à altura da nobre tarefa desempenhada, todos sabemos. Eu próprio fui professor durante algum tempo, e deixei de sê-lo, porque, julguei, não era minha vocação. Na verdade, o magistério, como algumas outras profissões, é uma missão. Um sacerdócio. Exige abnegação. Desprendimento. Sacrifício. Há coisas, neste mundo, que não se faz por dinheiro. Porque não há dinheiro que pague. Mas alguém precisa fazê-las. Com dedicação e amor.

Cuidar de crianças, transmitir-lhes os primeiros ensinamentos, sejam até mesmo nossos filhos ou netos, não é fácil. Exige doação. Caminhar quilômetros e quilômetros a pé, através da "Estrada do Inferno", para chegar a uma escolinha de madeira, pobre, frequentada por crianças mais pobres ainda, sem reclamar do pobre salário que lhe pagam, fazem da professora uma heroína. Se, porém, só pensarmos no lado material, como ficarão nossas crianças? Que lembranças e exemplos guardarão de nós? Não, por certo, os que guardo da minha primeira professora.

Não sei se dona Yara ainda vive. Se viva estivesse e, porventura, nos encontrássemos de novo — eu já velho, ela mais velha ainda —, sem dúvida lhe diria: "Deixe que, agora, eu a beije, professora. Muito obrigado. Eu nunca a esqueci".

Quem não gostava muito da minha campanha eram os gerentes de filiais. Eu lhes dava mais trabalho. Visitando, certa vez, a filial de Santa Cruz do Sul, o gerente me disse que havia um cliente que queria me conhecer. Depois que eu lançara a campanha, o dinheiro que ele dava ao filho vinha com a recomendação de que era para gastar, não para depositar no banco.

Num determinado dia, veio nos visitar no banco o, à época, conhecido banqueiro e diretor do Banco Nacional do Comércio S.A., Cel. Salatiel Soares de Barros. Entusiasmado, Weissheimer o levou a ver os quadros onde eram colocados os números da campanha, que, invariavelmente, mostravam a abertura diária de mais de 100 cadernetas. Mentalidade antiga, o velho banqueiro limitou-se a dizer: "Mas isto dá muito trabalho!"

Passados os anos, seu banco se fundiu com o Banco Industrial e Comercial do Sul S.A., transformando-se em Banco Sul Brasileiro S.A., e, mais tarde, transformado em Banco Meridional S.A., que terminou desaparecendo. Isto sim, deve ter dado muito trabalho!

Durante a minha permanência no Banco Agrícola foram abertas, além da já citada filial de Erexim, as de Pelotas, Rio Grande e Santa Maria. Para gerente da filial de Pelotas foi convidado o Sr. Pedro Torres Diniz, primo de minha mãe, que havia se formado em Ciências Econômicas junto com o Sr. Kaminski. Diniz pediu à diretoria para que eu passasse alguns meses lá, já que o funcionário com maior treinamento era o contador. Tempos depois, fui convidado pelo diretor Michaelsen para gerente da filial de Santa Maria. Já era formado em Letras, e pretendia, concomitantemente com meu trabalho no banco, lecionar à noite. Declinei do convite. Mais tarde foi aberta uma filial no quarto distrito, na Av. Farrapos. O gerente era o Sr. Krause, e a caixa Terezinha Comerlato, que, anos mais tarde, veio a se casar com o Valter Gomes Pinto, meu companheiro em várias empresas. Na mudança, o andar superior da agência foi destinado, todo ele, à campanha juvenil de economia.

Em certa ocasião, a diretoria resolveu me enviar a São Paulo para ver como funcionava a emissão de cadernetas para jovens, e aproveitei para visitar minha irmã Simone, que residia lá. Ela conheceu o marido, Rubens Pereira, em Rio Grande, e lá casaram. Ele mantinha uma loja de quinquilharias que acabou não dando certo, e se mudaram para São Paulo. Numa folga do meu trabalho, resolvi ir vê-la. Chamei um táxi e dei o endereço para o taxista. Começava a cair a noite, ele me disse que não podia me levar. À noite o lugar era perigoso. No dia seguinte, de manhã, chamei um outro táxi e este me levou.

O local realmente não era dos melhores. A rua era uma subida, com água descendo pelas sarjetas. Chegando lá, desci do táxi e fui ver minha irmã. A casa era de madeira e de má aparência. Ela já estava com dois filhos. O marido trabalhava à noite. Conversando com eles mais tarde, resolvi trazê-los de volta para Porto Alegre. Arrumei um lugar para ele no meu banco e hospedei-os em meu apartamento até que conseguiram uma casa para morar.

Decorridos os anos, uma de suas filhas, a Maria da Graça, antes de seu casamento, do qual Eunice e eu fomos padrinhos, trabalhou comigo no Banco Crefisul, ao tempo do famoso CREFIPOP.

-7-
BANCÁRIO E BACHAREL EM LETRAS

Enquanto permaneci no Banco Agrícola Mercantil S.A., de setembro de 1945 a fevereiro de 1956, muitas coisas ocorreram paralelamente em minha vida. Em termos de moradia em Porto Alegre, me mudei da minha antiga pensão para a Pensão Assis, na Rua dos Andradas, nº 909 — uma pensão que ficou famosa, à época, pelo assassinato da dona pelo seu próprio marido, a pretexto de que o estava traindo com um dos hospedes. O caso foi a júri e o marido absolvido. O advogado do marido não poderia ser outro: o Lia Pires.

Porto Alegre naquela época era tão tranquila, que à noite, quando eu seguidamente sofria de dor de cabeça, saía para me sentar, às duas horas da madrugada, num banco da Praça da Alfândega, até passar a cnxaqueca. Na pensão, o pensionista só tinha de individual o quarto, que, embora pequeno, comportava duas camas. Sabedor de que um antigo colega meu de Seminário, o Lourenço Coletto, estava mal acomodado numa pensão inferior, situada numa zona braba — naquela época, a Voluntários da Pátria — trouxe-o para morar comigo, despachando meu antigo colega, que ficou indignado com minha decisão. Mas o locador do quarto era eu.

Além de antigo seminarista como eu, Coletto era agora meu colega na Faculdade de Filosofia, da então Universidade

Católica do Rio Grande do Sul, hoje PUC, Pontifícia Universidade Católica. A propósito, houve sempre uma disputa entre os Irmãos Maristas e os padres jesuítas em torno do título "Pontifícia". No Rio de Janeiro, os jesuítas se apossaram da "marca". No Rio Grande do Sul, ficou com os Irmãos Maristas.

Minha colação de grau no Curso de Letras Clássicas — Latim, Grego e Português — ocorreu no dia 16 de dezembro de 1948. Além de vários Irmãos Maristas, — entre eles o Irmão Elvo Clemente, ex-professor no Colégio Marista de Rio Grande e mais tarde secretário geral da PUC e presidente da "Academia Rio Grandense de Letras — foram meus colegas, entre outros, o Lourenço Coletto e o *Luiz Gonzaga Ferreira Brum*, ambos ex-seminaristas, mais tarde meus companheiros de pensão, quando me mudei para uma de maior gabarito, situada na Avenida Cristóvão Colombo, nº 916.

UNIVERSIDADE CATÓLICA DO RIO G. DO SUL

FACULDADE DE FILOSOFIA

BACHARELANDOS DE 1948

CURSO FILOSOFIA:
Antônio Carlos Süzaldo Osorio
Betty Yolda Brognoli Borges Fortes
Günther Gauby Fleischhut
Loñic Dienstmann
Maria Flavia Sieczkowski
Martinho Brüning

CURSO MATEMÁTICA:
Ir. Hugo Lotário
Ir. José Constâncio
Sarita Munhos Camargo

CURSO DE HIST. NATURAL:
Anna Luiza Cavalheiro Garcia
Carlos Grossmann
Catharina Schenini Monteiro
Leonardo Schifino
Olivier Grondona

C. DE GEOGR. e HISTÓRIA:
Astrogildo Fernandes
Derik Oscar Ely
Eloah Loyre Fritsch
João José Planella
Marietta Ferrari
Ir. Nilo Celestino

CURSO DE CIÊNCIAS SOCIAIS:
Enio Silvio Piccioini
Primo Burille
Tulio Roberto Bogo

C. DE LETRAS CLÁSSICAS:
Ir. Elvo Clemente
Enio Godoy Moraes

Ir. Graciano Firmo
Ir. Eugênio Damião
Ir. Guido Maria
Ir. Guido Gabriel
Leda Borges da Fonseca
Lory Coimbra de Freitas
Lourenço Colletto
Luiz Arthur Masseron Giacobbe
Luiz Gonzaga Ferreira Brum
Lygia Dias
Ir. Gonçalo Dic
Margarida Ferreira Bitencourt
Ir. Demétrio André
Irmã Teresa
Telmo Kretzmann
Ir. Roberto Teódulo
Yvonne Oliveira da Cunha

C. DE LETRAS NEOLATINAS:
Ivone Debize Mèdaglia
Ir. Osvino Gabriel
Irmã Maria Leontina

C DE L ANGLO-GERMÁNICAS:
Anni Friedl Stolberg
Carlos Ibalhoi Garcia Gaisster
Guilherme Mylius
Maria Helena Englert
Maria Vianna Barbosa
Ir. Amadeu

CURSO DE PEDAGOGIA:
Cruzaltina do Valle
Edith Adelin Ferreira Bueno
Hilda Lago

Orador: *Ir. Guido Maria*

PARANINFO:
Dr. Elpidio Ferreira Paes

Homenageado de Honra
Dr. Ir. Faustino

Homenageados especiais
Chanceler D. Vicente Scherer
Reitor Dr. Armando Dias de Azevedo
Diretor Dr. Antônio Cesar Alves
Secretário João Zurlo

HOMENAGEADOS:
Dr. Ernani Maria Fiori
Dr. Ir. José Otão
Dr. Mário Bernd
Dr. Amir Borges Fortes
Dr. Ir. Liberato
Dr. Ir. Dionisio Felix
Dr. Ir. Ary Vério
Dr. Ary Nunes Tietboh!
Dr. René Ledoux

Como se pode ver neste quadro, foi nosso paraninfo o Prof. Dr. Elpídio Ferreira Paes, nosso professor de português. O mesmo que, sarcasticamente, quando eu perguntava sobre a situação da minha presença, respondia: "O senhor quer saber como vai a sua ausência!" É que eu saía do banco esbaforido, após o expediente, e subia a Rua da Praia correndo, perdendo, muitas vezes, a primeira aula, que era justamente proferida por ele.

Dias mais tarde, o nosso paraninfo nos acolheu com um lauto jantar no Clube do Comércio, e me coube, por deferência de meus colegas, proferir a saudação de agradecimento, da qual me desincumbi nos seguintes termos:

Ilmo. Sr. Dr. Elpídio Ferreira Paes e Exma. Consorte
Minhas senhoras e meus senhores,

Sempre pensei que, se um dia, por nímia e inexplicável bondade de colegas, a alguém com escassos méritos oratórios como eu fosse dado enaltecer de público as qualidades inestimáveis de nosso paraninfo, solicitaria vênia para iniciar, plagiando o incomparável Tristão de Ataíde, na sua saudação ao Cardeal Cerejeira: "Senhor, a honra que me conferiram de vos saudar, se não acertou no mais digno, tocou porventura a um dos que mais vos estimam. É, pois, um amigo, e não um orador quem vos fala. É alguém que de longe vos segue, que há muito vos escuta e procura sempre, na planície batida em que caminha, o reflexo do vosso exemplo nas culminâncias do magistério".

Senhores meus colegas:

Desincumbindo-me de tão honroso gesto, é que, mais do que em qualquer outra ocasião, me apercebo do acertado de nossa escolha. Ainda ontem, em 1946, quando nos apresentávamos ao vestibular, o Dr. Elpídio não nos era mais do que um mestre estranho a derramar de seu saber para a nossa ignorância os segredos desse idioma, onde Rui Barbosa disse encontrarem-se as fontes eternas de nossa cultura.

Com o correr dos dias, porém, este mútuo conhecimento

se foi entrelaçando até formar uma preciosa corrente de amizade entre mestre e discípulos. Foi então que tivemos a rara ventura de ir conhecendo, através de suas aulas e das palestras que em particular mantínhamos, a cultura do mestre, o conselho do amigo, a palavra de experiência do irmão mais velho, a sua personalidade invulgar e seu caráter diamantino. Qualidades todas que, coadunadas, elevaram-no sempre e sempre no conceito coletivo.

Os que mais intimamente privamos de sua amizade seríamos insinceros e ingratos se deixássemos de atestar que, ao lado de nossos empreendimentos nestes curtos anos de vida acadêmica, sempre tivemos a opinião orientadora e animadora de nosso paraninfo. Quando não, recebemos de seu coração sempre aberto um auxílio mais real e mais concreto, estimulando os nossos primeiros ensaios.

Homem de cultura invulgar, com o pensamento sempre voltado para os múltiplos misteres que desenvolve como mestre, nem por isso deixou de prestar atenção aos problemas privados e às mínimas realizações de seus discípulos.

Mais do que superior, um verdadeiro amigo, sempre o encontramos prestativo e acolhedor quando, nas horas de dúvidas, necessitamos de seu conselho sapiente. É por tudo isso, senhores, e por muito mais ainda, que afirmei, há instantes, ter sido acertada a nossa escolha.

E por isso é também que, ainda uma vez, com vocês me congratulo pelo passo que demos.

Senhor Dr. Elpídio, mestre e amigo:

Para os que aqui se encontram, ao derredor desta mesa sagrada que simboliza o vosso lar, comungando da mesma gratidão que vos é devida, e reunidos ainda uma vez pela familiaridade de vosso gesto, para estes todos a Filosofia praticamente terminou. Eram aves, eram condores talhados a vosso molde e recebendo de mestres como vós as diretrizes da futura jornada.

A madrugada raiou sobre a face da terra e estas aves, estes condores preparam-se para alçar o voo. As vossas aulas, os vossos ensinamentos ficarão para trás, entre aquele mundo de cousas gratas, que não retornam mais. Antes, porém, de nos separarmos para sempre, antes da revoada final, mister se fazia que possuíssemos todos um ponto de referência. Um norte para os que se perderem, para os que sentirem de perto o langor e a fraqueza, para os que se aperceberem da desilusão e do fracasso. Um ponto de referência, enfim, para que um dia, se tudo o mais nos faltar, a coragem, a força, o vigor, o entusiasmo, não nos falte, na hora suprema, o conforto e o revigoramento de exemplos de mestres como vós. A meu ver, senhores, é este o papel do paraninfo. Farol, referência, guia. Para isto vós fostes escolhido e eu vos garanto que sábia foi nossa deliberação. Foi por isso um júbilo este discernimento para aqueles que antes dele, muito antes, vos seguiam de longe, admirando vossa cultura e cultuando a vossa amizade.

Já agora não nos cabe deplorar o tempo passado. Aguardamos, mais serenos do que nunca, a luta e a separação, com as armas do saber e tendo como ponto de referência, nesta longa e batida planície que palmilharemos, o vosso exemplo, querido paraninfo, a iluminar-nos o caminho das culminâncias do magistério.

Ao nosso paraninfo, portanto, senhores, ao Dr. Elpídio Ferreira Paes, mestre e amigo, vos convido a saudarmos, tributando-lhe uma salva de palmas.

Disse.

Porto Alegre, 04/12/1948.

Corria ainda o ano de 1948, quando entendi de ser dramaturgo, escrevendo uma peça teatral, intitulada "Um amor nas trevas", que acabou sendo apresentada na Faculdade. Tratava o roteiro de uma jovem apaixonada por um cego. Eu acordava no meio da noite, sem que meu companheiro de quarto despertasse, para escrever os capítulos do meu drama. O cego era o colega Luiz Gonzaga Brum. Não recordo o nome da apaixonada, devia ser uma de nossas colegas. A peça, sob o meu ponto de vista, devia ser uma chanchada. Mas, por ter sido a primeira, talvez pelo pioneirismo ou pelo peito do autor, a verdade é que a peça agradou. Tanto assim que, a partir de então, surgiram outras peças, de outros autores, animados pelo meu pioneirismo.

Cenas da colação de grau, 1948.

Melhor do que os aplausos da plateia, no entanto, foi o elogio recebido do então professor da Faculdade, Dr. Guilhermino Cesar, de quem me tornei, além de admirador, amigo. E que passou a me chamar de "dramaturgo". Partindo de quem partia, a alcunha era altamente elogiosa. Para quem não o conheceu, o Dr. Guilhermino Cesar era nascido em Eugenópolis,

Minas Gerais, em 1908. Formado em Direito pela Faculdade de Belo Horizonte, pertenceu ao grupo fundador da *Revista Verde de Cataguases*, os famosos ases de Cataguases. Transferindo-se para o Rio Grande do Sul, tornou-se professor de filosofia nas Universidades Católica e do Rio Grande do Sul. Sua obra sobre a literatura rio-grandense se constitui num levantamento precioso, com sentido crítico e pesquisa minuciosa, que vai desde os inícios da literatura gaúcha até as primeiras décadas do século passado. Para tanto, ele muito se valeu da Biblioteca Pública de Rio Grande. Convidei-o, anos mais tarde, para uma solenidade no Banco de Expansão Econômica S.A., do qual me tornara diretor. Guardo em meus arquivos uma correspondência sua com os seguintes dizeres: "Meu caro Dramaturgo: Desejo-lhe feliz inspiração, noiva bonita, dinheiro, paz de consciência neste 1948. *Excusez du peu*. Assinado: Guilhermino Cesar. Natal de 1948". Dia do meu noivado.

Quanto aos colegas da Congregação Marista que se formaram conosco, cabe-me salientar a figura do Irmão Elvo Clemente, que começou sua carreira de professor em Rio Grande e lá conheceu meu irmão Cauby. Passados os anos, ele já assessor da Reitoria da PUC-RS, um aluno da faculdade, descontente por qualquer razão, afixou na frente da instituição um cartaz ofensivo e desrespeitoso, com os seguintes dizeres: "Irmão sacana, devolve a nossa grana". Conhecedor de longa data do trabalho abnegado de quem, como os Irmãos Maristas, deixam a família de lado para ensinar a estranhos, num ato de abnegação, me senti no direito de publicar no *Jornal do Comércio*, edição de 31 de julho de 2005, o seguinte artigo:

À **sombra dos Maristas**

Cristo havia curado dez leprosos. Um apenas, samaritano, voltou para agradecer. Tomando a palavra, Jesus lhe disse: "Os dez não ficaram curados? Onde ficaram os outros nove? Não houve quem voltasse para dar glória a

Deus, senão este estrangeiro". Na vida é sempre assim. Pedimos, às vezes até mesmo imploramos, para obter algo de alguém. E, quando obtemos, falta-nos sensibilidade para voltar e agradecer.

Criei-me à sombra dos Irmãos Maristas. O quintal da nossa casa, na minha Rio Grande, confinava com a chácara do Colégio São Francisco, dirigido por eles. Por eles fui alfabetizado. Com um deles aprendi a aprofundar as primeiras letras. Difícil recordar o nome daquele velhinho francês. Para nós, crianças, era simplesmente o Irmão Giz. O Colégio São Francisco e a chácara dos Maristas, com suas pereiras, das quais muitas vezes pulando o muro roubávamos os frutos, ficaram no passado.

Mas os Maristas me continuaram presentes. À sombra deles, e na companhia de alguns, cursei as Faculdades de Letras e de Ciências Jurídicas. A Congregação festejou 100 anos da chegada de seus primeiros integrantes ao Brasil. Sequer me dei ao trabalho de voltar, como o samaritano, para dar graças a Deus e a eles. "E precisava?", poderia perguntar alguém. Afinal, o ensino, ao contrário da cura do leproso, foi sempre pago.

Precisava, sim. Que seria da minha e da nossa juventude sem a valiosa contribuição pedagógica e cultural da Congregação Marista e de tantas outras congregações religiosas, dedicadas ao ensino? Lamentável, assim, e descabido, o gesto de afixar, certa feita, à frente da nossa PUC, uma faixa ofensiva a seu reitor, com os seguintes dizeres, alusivos, acredito, ao custo das mensalidades: "Irmão sacana, devolve a nossa grana".

Sacanagem seria alguém abandonar a família, não casar, abrir mão das coisas do mundo, recolher-se a uma congregação religiosa e dedicar toda uma vida à educação dos filhos dos outros?

Dias mais tarde, recebi o seguinte cartão do Prof. Dr. Irmão Elvo Clemente, Antônio J. S. Mottin na vida civil, assessor da Reitoria da PUC, com os seguintes dizeres:

Meu caro amigo Luiz,

Hoje abri o *Jornal do Comércio* e vi o artigo "À sombra dos Maristas". Fiquei contente ao ler as palavras saudosas do amigo. Recordei meus dias no São Francisco, 1940-1946. Belos tempos rio-grandinos. Como está o amigo? Saudade de nossos anos acadêmicos, 1946-1949.

Em união de afeto e de coração,

Irmão Elvo Clemente.

-8-
BANCÁRIO E POLÍTICO

Ala Moça do PTB.

Em 1948, a par de minhas atividades bancárias (eu continuava sendo secretário de diretoria do Banco Agrícola Mercantil),
resolvi me engajar na política e filiei-me ao Partido Trabalhista
Brasileiro. Em 29 de outubro de 1945, Getúlio Vargas fora deposto da Presidência da República, pelo general Góis Monteiro,
que, sob a alegação de que Getúlio queria se perpetuar como
ditador, passou o governo a José Linhares, presidente do Supre-

mo Tribunal Federal. Houve eleições mais adiante, e o general Eurico Gaspar Dutra foi eleito presidente da República como candidato do PSD, Partido Social Democrático. No Rio Grande do Sul, foi nomeado interventor o Dr. Cylon Rosa, líder do mesmo partido.

Junto com alguns companheiros, entre eles, Neu Reinert, Moacir de Souza, Ney Ortiz Borges e outros, fundamos a Ala Moça do Partido Trabalhista Brasileiro. Anos mais tarde, quando Samuel Wainer fundou no Rio de Janeiro o jornal *Última Hora*, para fazer frente à *Tribuna de Imprensa*, jornal de Carlos de Lacerda que combatia acirradamente o presidente Vargas, Neu Reinert tornou-se o diretor local do jornal.

As eleições no Estado foram marcadas para o dia 19 de janeiro de 1947. Concorreram ao governo do estado pelo PSD, Walter Jobim, pelo PTB, Alberto Pasqualini, e, pela Aliança UDN e PL, Décio Martins Costa. Walter Jobim foi eleito governador. Nessas eleições, nosso diretor do banco, o Dr. Egydio Michaelsen, se elegeu deputado estadual. À época, não havia propaganda na imprensa, como hoje. Havia bancas pelas ruas, onde eram colocados os "santinhos" com propaganda do candidato. Percorríamos as ruas da cidade, eu e o Dr. Egydio, em seu carro, para verificar se havia propaganda sua nas bancas. Ele se elegeu. Trabalhando no mesmo banco e, já agora militando no mesmo partido, nos aproximamos muito um do outro. Certo dia, ele me confidenciou que tudo o que viesse a ser na vida eu estaria sempre com ele. Infelizmente, sua promessa não teve como acontecer. Saí do banco e ele faleceu anos mais tarde, sozinho, no Hotel Luxor, onde costumava se hospedar, na Praia de Copacabana, no Rio de Janeiro. Foi encontrado morto, sentado, contemplando o mar. Antes das eleições, ele nos reuniu em sua casa, o então presidente da Associação Rio-Grandense de Imprensa e eu, para colaborarmos na feitura dos discursos do nosso candidato, Alberto Pasqualini.

Não sei se em decorrência do resultado da eleição, o PTB acabou se cindindo em duas alas: a ala pasqualinista, liderada por Alberto Pasqualini, e a queremista, que ansiava pela volta de Getúlio Vargas, então exilado em São Borja. O líder dos queremistas era o então presidente do partido, José Vecchio. Em 4 de setembro de 1948 houve a Convenção Municipal de Porto Alegre. Coube-me discursar, representando a Ala Moça do PTB. Presentes, figuras da maior expressão do partido. Entre outras, o presidente José Vecchio, Alberto Pasqualini, Egydio Michaelsen, José Diogo Brochado da Rocha, Dinarte Dorneles, primo de Getúlio, e outros. Meu discurso foi no sentido de que, independentemente de opiniões próprias, deveríamos procurar a união do partido.

Contava-se como piada, naturalmente, que José Vecchio teria ido a São Borja queixar-se ao Getúlio da briga de alas que estava ocorrendo no partido. Ao que Getúlio lhe teria dado o seguinte conselho: "Vecchio, faz como eu. Não te mete em política". Decorridos os anos, diretor de banco, sempre que um cliente vinha se queixar dos juros que lhe estávamos cobrando, eu me lembrava do Getúlio e lhe dizia: "Faz como eu. Não pede dinheiro emprestado a banco". O cliente tinha que rir.

Em outubro, nós da Ala Moça resolvemos fazer um comício no Largo da Prefeitura, lançando a candidatura de Getúlio Vargas à presidência da República. Muitos discordavam da nossa ideia, entendiam que era uma temeridade fazer um comício fora do período eleitoral. Na certa seria um fracasso. Os que éramos favoráveis insistimos. E realizamos o comício. Fui escolhido o único orador. Com uma condição, vinda de São Borja: não atacar o presidente Dutra. O que foi respeitado. A esta altura, Getúlio já estava acertando com o Dutra a sua volta à presidência... O que veio a acontecer. Infelizmente, uma volta trágica: em 24/08/1954, Getúlio se suicidou.

-9-
CONSTITUINDO FAMÍLIA

Eu a tinha visto, algumas vezes, no Sindicato dos Bancários, situado à época num andar do Edifício Bier & Ulmann, quando, vez por outra, íamos lá jogar pingue-pongue com alguns colegas. O que era uma exceção, pois, após o expediente bancário, eu preferia mesmo era correr à Biblioteca Pública e devorar livros. O meu prazer era tal que eu só saia de lá quando o funcionário responsável me batia no ombro, informando que eu tinha de me retirar, porque ele ia fechar a Biblioteca. Mas, no Sindicato, passei a reparar naquela mocinha franzina que, vim a saber mais tarde, era filha do presidente e fundador do Sindicato, Arthur Nunes Garcia, líder classista funcionário do Banco da Província do Rio Grande S.A., ferrenho defensor da classe bancária e inimigo de banqueiro.

Corria o ano de 1948. Eu vinha de Rio Grande, para onde, com minha prima Pérsia, então minha namorada, tinha ido, em férias, gozar o Carnaval. Desavindos num baile, voltei de lá desligado de maiores compromissos amorosos. Na travessia, a bordo de uma chata que fazia o transporte Guaíba-Porto Alegre, com quem me deparo? Com a filha do presidente do Sindicato, que costumava veranear na Praia da Alegria, onde, anos depois, foi rainha do Carnaval. Precisamos apenas de um *flirt* para voltarmos a nos encontrar e iniciar um namoro, transformado numa paixão que durou mais de meio século.

Formatura da Eunice.

Eunice, este seu nome, morava com os pais num apartamento do Edifício dos Bancários, na Avenida Borges de Medeiros, existente até hoje, situado na escadaria, à direita de quem sobe e desemboca na Rua Duque de Caxias. Na parte térrea do prédio funcionava o atendimento médico aos bancários, do qual, tempos mais tarde, muito me vali. Os apartamentos do prédio eram, na verdade, apertamentos. Eunice era filha única. Sua mãe, Emilia Ferreira Garcia, era secretária do Sindicato do Comércio Varejista. No fim do ano de 1946 tinha concluído o Curso Ginasial no Colégio Sevigné. A conclusão festiva ocorreu no salão de festas do Petrópolis Tênis Clube, e os padrinhos das formandas foram o então Interventor Federal do Rio Grande do Sul, Dr. Cylon Rosa, e excelentíssima esposa.

Em 1947 ela havia cursado o primeiro ano secundário no Colégio Júlio de Castilhos e, no ano seguinte, 1948, interrompera os estudos.

Nosso namoro acontecia no corredor, na escada que ligava um lance do prédio a outro. Quando avançava a noite, a mãe abria uma janelinha que havia na porta do "apertamento" e terminava com a festa. O pai do meu futuro sogro era fazendeiro oriundo de Bagé. Arruinado nos negócios, ao que parece, emigrou com a família para a capital. Meu sogro havia cursado a Escola Militar de Porto Alegre, existente até hoje, em frente ao Campo da Redenção, antigamente chamado de Várzea. Lá ele foi contemporâneo dos generais Castelo Branco e Arthur da Costa e Silva, ambos mais tarde presidentes da República. Egresso da Escola, tudo indica que por questões financeiras, ingressou na carreira bancária, guardando, ao que se podia deduzir pelas suas atitudes futuras, certa mágoa contra os militares. Filiado mais tarde ao Partido Comunista, chegou a concorrer a vereador pela sigla. Não se elegeu. Ao que ele mesmo dizia, não contara nem com os votos da família, toda ela anticomunista. Inclusive a filha.

Meu sogro era um autodidata. Foi o fundador e primeiro presidente do Sindicato dos Bancários de Porto Alegre e presidente da Federação dos Empregados em Estabelecimentos Bancários do Rio Grande do Sul. Aposentado, fundou o Sindicato dos Bancários e Securitários Aposentados do Rio Grande do Sul. Muitas das vantagens com as quais a classe passou a contar, e conta até hoje, são devidas a ele. Guardo em meus arquivos fotos como esta abaixo, onde ele aparece com alguns colegas visitando o presidente da República, Getúlio Dorneles Vargas e, com certeza, entregando algum pleito da classe bancária. Era conhecido nacionalmente como líder da classe. Quando faleceu, em 25/06/1970, não me recordo de manifestação alguma que a classe porventura lhe tenha prestado.

Os pais de meu sogro eram o Sr. Jacinto Nunes Garcia e a Sra. Olímpia Jacondino Garcia, já falecida à época em que conheci sua neta. Tinha seis irmãos: Maria, esposa do Sr. Astrogildo Guimarães, funcionário do Banco da Província; o Capitão João Nunes Garcia, que serviu na FEB, e residente no Rio de Janeiro; Luiz Felipe; Anita, esposa do Sr. Eduardo Coelho, tesoureiro do Bank of London; Carmen, esposa do Cel. Quirino Sotil; e Yolanda, esposa do Sr. Ney de Assis Brasil, agrimensor.

Arthur Nunes Garcia com Getúlio Vargas.

Já minha sogra, que de sogra, como às vezes se alfineta, não tinha nada, era uma boníssima pessoa. Para mim, uma segunda mãe. Seus pais eram Julieta Barcellos Ferreira, nascida em Minas Gerais, e Luiz Ferreira, viúvo, natural do Rio de Janeiro, onde deixara os filhos do primeiro matrimônio. Ele teria sido um comerciante abastado. Fornecedor do Exército, fora levado à falência pelo calote que o exército lhe passou. Antes disso, porém, teria viajado com toda a família, com uma empregada de cor, para um tour na Europa. O que mais atraía e chamava a atenção dos parisienses, contava minha sogra, era a empregada preta. À época, ao que parece, negro era raridade na França. Com o falecimento do chefe da casa, vinte e cinco anos mais velho, a mãe de minha sogra foi à luta. Montou uma butique na Rua da Praia, e com o fruto do seu trabalho manteve e educou a família, composta de onze filhos: Luiz, militar; Álvaro, Ary, Hélio e Enio, médicos os quatro; José, advogado; Silvio, representante comercial; e as filhas Emília, minha sogra, Suely, Yone e Naná. Orgulhosamente, ao lado da porta de entrada da residência, na Rua Riachuelo, n° 823, ela mandou colocar, como era costume à época, as quatro placas, uma abaixo da outra, com os nomes de seus quatro filhos médicos.

O Dr. Álvaro Barcelos Ferreira tornou-se um médico conceituado, no Brasil e no exterior, tendo sido, além de professor, reitor da Faculdade de Medicina de Porto Alegre, o mais jovem reitor da história. Quando de seu sepultamento, o Dr. Carlos Candal dos Santos, então diretor da Faculdade de Medicina, arrematou sua longa oração de despedida do colega e amigo com as seguintes palavras:

Álvaro amigo! Chegou a hora amarga da despedida! Quando contemplo pela última vez teu corpo inanimado, e ouso proclamar a augusta eloquência deste silêncio para dizer-te adeus, uma compulsão me arrasta pelos caminhos do tempo até o ano longínquo de 1934, e me repõe como aluno de Clínica Propedêutica Médica para ouvir de novo e com o mesmo encantamento tuas sábias e entusiásticas preleções.

Pertenci à primeira turma que te escutou. Vinhas de assumir a cátedra por via de um brilhante e disputado concurso. Surpreendemo-nos todos com tua extremada juventude. Fostes o mais jovem catedrático concursado em toda a história desta Faculdade. Ao calor de tua mocidade e saber de um homem amadurecido na experiência e na meditação. Quantas vezes — não lembras? — tuas aulas se encerravam sob aplausos!

Assim foi toda a tua carreira de professor. Dedicação indiscriminada aos indigentes da Santa Casa. A competência profissional. O devotamento ao ensino. O paternal interesse pelo estudante. A fraternal convivência com os companheiros de magistério. O vivo sentimento comunitário. A idolatria pela Faculdade, que muito honraste.

Dileto amigo e mestre eminente: tua persuasiva lição de estoicismo calou fundo na consciência de todos nós. Submissos aos desígnios que regem os nossos destinos, aceitamos resignados a perda irreparável que para nós significa o teu passamento. Uma saudade pungente perdurará em nossos corações

"Deus te guarde", me disseste naquele dia. Deus te guarde, te digo agora. São as alternâncias, os contrastes da vida

Álvaro, adeus.

Para nós, em família, Álvaro foi sempre o tio Vivinho. O mestre. O conselheiro. Na falta do pai, o patriarca. A voz mais ouvida e respeitada. Antes de ele falecer, visitei-o, já acamado, na casa onde se realizou a cerimônia do meu casamento e onde, na sala contígua, à sombra dos quadros que representavam os ancestrais da família, a cada fim de ano fazíamos as orações de praxe. Eu, brincalhão como sempre, ajoelhava-me, dizendo que estava rezando para Meca. E ele, como sempre, me chamando à atenção. Fui propositalmente visitá-lo, não para me despedir dele, mas para deixar a ele que, em vida, não fora nada religioso, um exemplar do Novo Testamento, o qual recebeu, sorridente. Foi o último sorriso que vi dele.

***

Feita essa digressão, em dezembro daquele ano de 1948 Eunice e eu trocamos alianças e, em princípio, contando que tudo corresse bem, como estávamos planejando, marcamos o casamento para 24 de dezembro do ano seguinte, 1949.

Em 1949 ingressei na Faculdade de Direito da Pontifícia Universidade Católica do Rio Grande do Sul, e fiz minha terceira mudança de moradia: uma pequena parada na Pensão Saraiva, situada na rua da Praia, próxima à Praça da Alfândega, e, logo em seguida aluguei o andar de cima de uma residência que existe até hoje, na Av. Cristóvão, nº 916. Levei comigo os amigos inseparáveis, Lourenço Colleto e Luiz Gonzaga Ferreira Brum.

O cômodo era amplo e tinha um quarto separado, que no início ocupei, mas que, logo adiante, subloquei para um tal de Raymundo Faoro, catarinense, estudante de direito como nós, que mais tarde tornou-se um advogado de reputação nacional. A dona ou inquilina da casa morava com um filho e o marido, um embarcadiço quase sempre ausente. Seu nome era Donatildes. Nós entendíamos que ela se chamava Tildes e o "dona" fosse um aditamento respeitoso. Passamos o tempo todo chamando-a de Donatildes... Que gafe!

O ano de 1949 correu normalmente. Meu tempo era dividido entre o meu trabalho no banco, o estudo na Faculdade e, já então, com minha noiva. Acertado o nosso casamento, resolvi convidar para um de meus padrinhos ninguém menos do que o nosso diretor do banco, Kurt Weissheimer, e sua esposa, dona Celina. Os dois moravam, à época, na Rua Mariante, nos Moinhos de Vento, onde fomos visitá-los e efetuar o convite.

Foi uma visita cordial e inesquecível, que selou mais ainda o meu apreço e gratidão para com meu diretor. Passados os anos, fui convidado por seu filho Paulo para seu padrinho de casamento, com uma colega nossa do banco. Infelizmente, meu afilhado veio a falecer, precocemente, na estrada Porto Alegre-Viamão, quando se dirigia de carro para o Sítio da Branquinha, de propriedade do pai.

Falando de política, no Rio Grande do Sul, estava se aproximando o fim do governo do Walter Jobim, que na eleição anterior havia derrotado o nosso candidato, Alberto Pasqualini. Na Faculdade, conheci e passei a conviver com novos colegas, muitos dos quais, mais tarde, obtiveram proeminência na vida pública, profissional e social.

***

Meu casamento foi celebrado, como havíamos combinado, no dia 24 de dezembro de 1949, às 18h30m, na Catedral Metropolitana de Porto Alegre. Foram nossos padrinhos e testemunhos, na cerimônia religiosa, por parte da noiva o Dr. Álvaro Barcellos Ferreira e a Srta. Maria de Lourdes de Lima, e o Cel. Querino Sotil e esposa. De minha parte, os padrinhos foram meu diretor Kurt Weissheimer e esposa e o Sr. Pedro Torres Diniz e esposa. A cerimônia religiosa foi vocalizada pelo Sr. João Falcão, amigo da família. Já na cerimônia civil, foram testemunhos pela noiva o Dr. Ary Barcelos Ferreira e sua mãe, Julieta Barcelos Ferreira, e pelo noivo o Sr. Ângelo Mazzaferro e esposa e o Sr. João Luiz Masseron e esposa. Os padrinhos, parentes e convidados foram recepcionados na residência da avó da Eunice, à Rua Riachuelo, 823.

Foi uma recepção modesta. Meus sogros não tinham posses e eu não passava de um simples bancário. Mas foi uma recepção calorosa. Nossa primeira noite foi no antigo Hotel Lagache, situado na Octávio Rocha esquina com a Marechal Floriano, num prédio que existe até hoje.

No dia seguinte, viajamos para Canela, onde ficamos por uma semana hospedados no Palace Hotel. Como eu entrara em férias para me casar, no retorno estendemos a nossa lua de mel, hospedados num dos chalés da Colônia de Férias do banco, existente à época em Belém Novo e onde, quando ainda solteiro, participei de muitas festas com os colegas de trabalho. À frente da chácara ficava uma casa destinada aos diretores. Os chalés ficavam ao fundo. Eram muito confortáveis.

Numa demonstração da amizade e do apreço que os colegas do banco tinham para comigo, não sei exatamente por iniciativa de quem foi corrida uma lista de contribuição monetária que guardo comigo até hoje, assinada pelos quatro diretores e 99 funcionários, incluindo até os mais humildes, como os contínuos.

Por coincidência, ou força do destino, se eu tivesse continuado no Seminário teria sido ordenado padre em dezembro de 1949, ao invés de ter contraído matrimônio. Mais tarde, quem sabe, poderia até ter sido bispo, como preconizavam os professores do Seminário Menor quando eu liderava os jogos e brincadeiras com meus colegas. "Esse meias vermelhas!", diziam, se referindo aos bispos que, à época, usavam meias vermelhas. Mas, como costumo e gosto de dizer, "Deus tem sempre uma ideia melhor". Ou, como escreveu o famoso filósofo espanhol José Ortega y Gasset, ex-aluno jesuíta, falecido em 1955, "o homem é suas circunstâncias".

Eu e Eunice em 1949.

Realmente, se minha mãe, a quem eu tanto amava e que me queria padre, não tivesse falecido em 1943, meu último ano de Seminário, será que, para não decepcioná-la, eu não teria continuado? Decorridos os anos, família constituída, filhos crescidos, o meu apelido em casa era "Poliana". Isto, porque sempre procurei e procuro ver o lado bom das coisas e dos acontecimentos.

Na volta da lua de mel, fomos por pouco tempo morar no apartamento dos meus sogros. Logo após, porém, tio Tutu, apelido do tio Astrogildo, cunhado do meu sogro, ultimou a construção de um prédio de dois andares na Rua Fernando Machado e nós, provisoriamente, passamos a ocupar a parte de cima. Meses depois nos mudamos para um recente condomínio bancário, construído na Rua Barão do Amazonas, ocupando um amplo apartamento do segundo andar, e por eu ser bancário, com a oportunidade de, posteriormente, me candidatar à sua compra.

Nesse meio tempo, para melhorar meu orçamento, e prevendo o aumento das despesas com a vinda de nossa primogênita, em 2 de maio de 1950 me candidatei, e fui contratado, como professor de Literatura Brasileira no Colégio Anchieta, dos padres jesuítas, que à época funcionava na Rua Duque de Caxias. Então, não havia a distinção entre clássico e científico para os que iam prestar vestibular. Todos tinham que estudar Literatura.

Os alunos eram pouco mais moços do que eu. E como Literatura não ia influir no vestibular, era difícil segurar a turma. Quando eu ameaçava expulsar um deles por estar perturbando a aula, um outro levantava o dedo e dizia: "Professor, o senhor não pode mandá-lo embora. Ele é filho do prefeito". O pior é que era mesmo, embora isto não influísse em minha decisão. Mas influiu na minha contratação como professor. Apesar de ter sido um dos professores homenageados da turma que deixava o colégio naquele ano, no ano seguinte, em 1951, o colégio não renovou meu contrato.

No dia 23 de setembro de 1950 nasceu a nossa primogênita, Fernanda Ivelise. Levaram-na à pia batismal o Professor Álvaro Barcelos Ferreira, seu tio, e a Srta. Maria de Lourdes Lima, colega de banco do meu sogro e amiga da família. Entre os meus alunos havia um amigo da família, cujo pai, ao que me consta, teria sido pretendente da minha sogra. Sabedor do nascimento da minha primogênita, ele passou o santo aos colegas, como se costuma dizer. No dia seguinte, quando adentrei a aula, para minha surpresa todos se levantaram e entoaram o "Parabéns a você".

Lembro-me do perfil de vários desses meus alunos, mas um particularmente me chamava a atenção. Sentava-se na ponta da primeira fila. À época, nos colégios católicos, antes de começar a aula os alunos rezavam, e quem puxava a oração, com seriedade, era ele. Guardei seu nome pela vida afora: Luiz Osvaldo Leite. Só passados muitos anos tive notícias dele. Ao invés dos demais colegas que se prepararam para esta ou aquela carreira, em 1951 ele foi para o Seminário dos Jesuítas em Pareci, onde ordenou-se padre em 7 de dezembro de 1962. Entretanto, depois de anos, e com certeza depois de muita reflexão, ele que era, e é, uma pessoa séria, culta e preparada, optou pela vida secular. Casou-se em 12 de dezembro de 1970 com uma ex-irmã da ordem das Bernardinas, antiga diretora do curso primário, também no Colégio Anchieta como ele. Estranhamente, apesar de meu filho ter frequentado o Colégio Anchieta, não tive oportunidade de encontrá-lo.

De há muito, e até mesmo por ter perdido a vaga de professor do Anchieta, eu vinha me candidatando a Professor de Latim no recém-criado Ginásio Estadual Noturno Dom João Becker, situado na Vila do IAPI. Por diversas vezes, a meu pedido, o Dr. Egydio Michaelsen conversou com o Secretário da Educação a respeito, mas a vaga era sempre protelada. Explicável a protelação: estava no poder estadual, como governador, o Walter Jobim, do PSD, que havia derrotado o nosso candidato, Alberto Pasqualini, do PTB. Em 3 de outubro de 1950, porém, ocorreram as eleições para governador do Estado e foi eleito o nosso candidato do PTB, Ernesto Dorneles, primo de Getúlio Vargas. Leonel Brizola, ainda deputado estadual e representante da Ala Moça, interferiu junto ao novo Secretário da Educação, que agora era de nosso partido, no sentido da minha nomeação.

Foi bater e valer. Fui contratado e admitido pela Portaria 167 de 11/04/1951.

Fazendo mais uma digressão, vale a pena conhecer, em rápidas pinceladas, a trajetória política de Leonel de Moura Brizola, de quem, além de correligionário, fui amigo. Seu verdadeiro nome de batismo era Itagiba. Nasceu no interior do Município de Carazinho, no dia 22 de janeiro de 1922. Com apenas um ano de idade, seu pai foi assassinado por seguidores de Borges de Medeiros, que, buscando sua reeleição para um quinto mandato de presidente do Rio Grande do Sul, mergulhara o Estado numa guerra civil.

Ainda menino, Brizola tomou sua primeira atitude. Trocou o nome Itagiba por Leonel, em homenagem a Leonel Rocha, chefe dos que se rebelaram contra a reeleição de Borges de Medeiros. Passadas três décadas, já então governador do Estado, Brizola costumava interromper sua agenda para receber ninguém menos do que um nonagenário claudicante, Borges de Medeiros, saudoso do "seu" Palácio Farroupilha e das prosas com seu novo ocupante. Engenheiro pela Faculdade de Engenharia do Rio Grande do Sul, Brizola se elegeu deputado estadual em 1945, e casou-se em 1950 com Neusa Goulart, irmã de Jango. Em 1951 perdeu a eleição para prefeito de Porto Alegre, mas em 1954 voltou à Assembleia Legislativa. Em 1958 elegeu-se governador do Estado e, em 1962, deputado federal pelo antigo Estado da Guanabara.

Com a deposição de seu cunhado, João Goulart, pelos militares, Brizola se exilou no Uruguai. De volta ao Brasil, elegeu-se por duas vezes governador do Estado do Rio de Janeiro. Chegou a concorrer a presidente da República. Por duas vezes. No final de sua carreira política, foi derrotado como candidato a prefeito e senador pelo Estado do Rio de Janeiro. Faleceu aos 82 anos, em 21 de março de 2013.

-10-
Bancário e professor

Já no início do meu trabalho no Banco Agrícola Mercantil S.A. eu tinha sido professor de francês num curso preparatório, denominado Curso Duque de Caxias, localizado na Rua da Praia, esquina com a Rua da Ladeira. Seu proprietário era o Sr. Matias Arregui, que não era formado em nada, embora sua esposa estivesse cursando faculdade. O salário não era lá essas coisas, mas complementava o do banco. Aprendi com Matias que a gente pode, de quando em vez, ficar devendo, mas nunca se deve ficar sem dinheiro. Em determinada época ele ficou me devendo alguns meses, mas acabou pegando o atrasado numa bolada só. Foi o que me possibilitou pagar a reforma de meus dentes, feita por meu dentista, o Dr. Fabian, que eu havia conhecido quando o meu amigo Coletto e eu frequentávamos a União Social São José, que funcionava nos fundos da Igreja São José, na Rua Alberto Bins. Mais tarde o doutor me contou que, quando o paguei, eu salvei sua lua de mel.

Meu salário do Ginásio Dom João Becker supriu a lacuna financeira decorrente da minha saída do Ginásio Anchieta. Entretanto, com o tempo, ia ficando cada vez mais difícil a minha docência. Eu saía de casa de manhã, lá na Barão do Amazonas, no bairro Petrópolis, e só voltava à noite após as aulas. À época, o trajeto de ida e vinda era feito de bonde, eu vinha e voltava no

Bonde Petrópolis, da mesma forma que ia e voltava do ginásio no Bonde São João-Navegantes. Eu saía cedo e voltava tarde. Sem empregada, a Eunice, mãezinha jovem, ignorante das lides domésticas e maternais, ficava o dia inteiro sozinha com a Fernanda Ivelise, cortava a lenha para o fogão e quebrava a louça da área. De vez em quando, recebia a visita da tia Iseta. Eu só via a minha filha acordada nos fins de semana. Então, quando ela me olhava, chorava. Se pudesse, haveria de se perguntar e dizer: "Mãe, quem é esse homem"? A mesma coisa voltaria a acontecer, tempos mais tarde, com relação ao meu filho.

Vez por outra, sobretudo quando se tratava de algum problema maior, eu trazia mãe e filha comigo de manhã e as deixava na casa da vó Julieta, na Rua Riachuelo. Nas noites de inverno, eu ia buscá-las na casa da avó e íamos até à Praça da Alfândega, com a Fernanda bem enrolada por causa do frio, esperar a caminhonete para nos levar até Petrópolis. Tudo isso foi amadurecendo meu projeto de trocar de residência, apesar da vantagem de futuramente poder comprar o apartamento em que morávamos. Não demorou muito a decisão. Saindo do apartamento, ficamos algum tempo hospedados, os três, na casa da bisavó. Logo em seguida, fomos morar na mesma Rua Riachuelo, no apartamento seis do edifício de número 838, esquina com a Rua João Manoel.

Com essa mudança se tornou mais fácil administrar minha vida de bancário e professor. Eu ia a pé para o banco, almoçava em casa, e, à noite, ia e voltava com mais facilidade das minhas aulas no Ginásio Dom João Becker.

Nas eleições de 3 de outubro de 1950, no plano estadual, concorreram ao governo do Estado Ernesto Dorneles, pelo PTB, Cylon Rosa pelo PSD e Edgar Luiz Schneider pelo PL. No plano nacional, Getúlio Vargas voltou à presidência da República e Alberto Pasqualini se elegeu senador. Em 1954, Pasqualini concorreu novamente ao governo do Estado, mas foi derrotado por Ildo Meneguetti. Mais tarde, declinou de ser candidato a vice-presidente da República na chapa encabeçada por Juscelino Kubitschek, que acabou sendo ocupada por João Goulart. Vítima em 1956 de um derrame cerebral que o levou à renúncia do cargo de senador e mais tarde à morte, em 3 de junho de 1960, Pasqualini nasceu em Ivorá, à época distrito do município Julio de Castilhos. Ainda jovem, foi seminarista, colega de Dom Vicente Scherer.

Por que essas digressões sobre a vida de Pasqualini e Brizola? Porque ambos deixaram marcas na minha curta vida de político, e também de cidadão. Redigi discursos para Pasqualini em sua campanha para governador do Estado. Guardo até hoje, como lembrança, o livro de sua autoria que me ofertou, denominado *Bases e Sugestões Para uma Política Social*, onde, a páginas tantas, ele escreve:

> A evolução social não deve ter apenas um sentido material, mas também, e sobretudo, um sentido moral. O desajuste humano é tremendo quando essas duas forças não são paralelas. A evolução moral consistirá na correção e na sublimação do egoísmo e no desenvolvimento dos sentimentos de simpatia e de solidariedade social que, para muitos, terá o nome de caridade cristã.
>
> Se na sociedade ainda predomina o egoísmo (que será tanto mais cruel quanto maiores forem as conquistas do progresso), ela poderá melhorar no futuro se o presente se esforçar e contribuir para o seu aperfeiçoamento. "Nascemos", dizia Leon Bourgeois, "devedores da sociedade, devedores dos bens da civilização e da cultura que o passado nos legou". Perguntam muitos quem são os credores. Credores são as gerações futuras, pois se o passado trabalhou e se sacrificou pelo presente, deve o presente trabalhar e sacrificar-se pelo futuro. É esta a mais sublime forma de solidariedade humana, solidariedade não apenas no espaço e na contiguidade, mas também no tempo, tal como existe entre pais e filhos, tal como a gravou a natureza no coração dos seres sensíveis com a própria transmissão e continuidade da vida.

Este era o Pasqualini, que, infelizmente, perdemos tão cedo.

***

Em 23 de fevereiro de 1952 nasceu a minha segunda filha, Maria Cristina. Kitty, até hoje, na intimidade. Seus padrinhos de batismo foram seus avós maternos, Arthur e Emília.

O ano se desenrolou normalmente em minha vida profissional, procurando sempre conciliar o trabalho com o estudo na Faculdade. Na vida política, da qual eu já estava me afastando mais e mais, tudo corria tranquilo no âmbito regional. Mas o mesmo não vinha acontecendo na órbita política nacional.

No ano seguinte, em 22 de dezembro de 1953, ocorreu a minha colação de grau na Faculdade de Direito da Pontifícia Universidade Católica do Rio Grande do Sul. Um acontecimento inesquecível para um jovem que, menos de uma década atrás, órfão de pai e mãe, chegara à cidade grande sem maiores relacionamentos familiares e sociais, com apenas um casaco e quinhentos cruzeiros ganhos do irmão mais velho, morando de pensão em pensão. Esta era a sua segunda conquista universitária.

Antes da entrega dos diplomas, houve uma Missa de Ação de Graças e benção dos anéis na Capela da Faculdade. Meu anel me foi colocado não pela esposa do formando, mas pela filha mais velha, a Fernanda Ivelise, com três aninhos de idade.

Na véspera, os colegas do banco mais uma vez me surpreenderam com sua bondade e seu inesquecível carinho, reunidos na matriz do meu saudoso AGRIMER: em nome dos funcionários, Dr. Egydio Michaelsen me presenteou com o anel.

Nosso paraninfo foi o saudoso Professor Dr. Galeno Velinho de Lacerda, e o homenageado especial, o Professor Desembargador Baltazar Barbosa. Foram homenageados ainda os professores Padre Afonso Schmidt, Dr. Arno Schilling, desembargador Celso Afonso Pereira, Dr. Francisco Juruena, Dr. João Leitão de Abreu, Desembargador Ney da Silva Wiedmann, Dr. Paulo Barbosa Lessa e o secretário da Faculdade, Dr. José Sperb Sanseverino.

DIÁRIO DE NOTÍCIAS – 23/12/1953 –

DR. LUIZ GIACOBBO, novo bacharel em Ciências Jurídicas
e Sociais. Colou grau ontem à noite, na Faculdade de Direito da Universidade Católica do Rio Grande do Sul, o dr.
Luiz Giacobbo, secretário da diretoria do Banco Agrícola-
Mercantil S. A. Na tarde de anteontem, foi homenageado
por todos os seus colegas de serviço dêsse conhecido estabelecimento de crédito, os quais, reunidos na matriz, lhe ofe-
receram o anel simbólico, falando em nome dos ofertantes
o diretor dr. Egydio Michaelsen, agradecendo o homenageado.

Decorridos os anos, tive a satisfação de conviver com
muitos deles nas mais diferentes formas.

Na foto abaixo os bacharelandos de 1953, entre eles Synval Guazelli. Indicado pelo regime militar, Guazelli foi "eleito"
governador do Estado em 1975, pela Assembleia Legislativa
Estadual. Decorridos os anos, um amigo comum, com quem
trabalhei, me confidenciou que, certa feita, o Guazzelli teria se

referido a mim como o colega mais inteligente da turma. Sinceramente, acho que não. A verdade é que, mais velho que eles e com a responsabilidade de pai de família, eu, sentado sempre na primeira fila, levava as aulas mais a sério. Enquanto eles, Guazzelli, Bisol e outros, sentavam-se invariavelmente no fundo da sala. Se "colavam", como se dizia na gíria escolar, sinceramente não sei. Mas que não prestavam muita atenção ao professor, isso não prestavam.

Bacharelandos

Alfonso Pena Kury
Alceo Moraes Almeida
Aldo Leão Ferreira
Antônio Guimarães
Antônio Expedito C. Perera
Arthur Cossio Vasques
Athos de Araújo Flores
Atila Torres
Augusto Wildt
Bernardo Dorfmann
Carlos Alberto M. Macchiavello
Cláudio Strasburguer
David Fernandes
David Roitmann
Deodoro Martins
Elenita Marcola
Eurico Möller
Fernando Paranhos Moreira
Fernando von Poser
Fernando Wunderlich
Flávio Willwock
Hélio Faraco de Azevedo

Iris Mário Caldart
Jacques Nocchi
José Guterres Mazzini
José Paulo Bisol
Júlio Cesar Ribeiro Neves
Lineu Moreira Dias
Luiz Giacobbo
Manssur Elias
Marino Brum
Tavi Bueno de Assis Brasil
Moysés B. Esteves Barbosa
Milton Persson
Myron Ingulski Moraes
Ney Santos Arruda
Odilo Becker
Orlando Degrazia
Paulo Corrêa de Almeida
Paulo Souza Corrêa
Roberval Rodrigues
Socrates dos Santos Feijó
Synval Guazzelli
Vitório Manuel Ferreira

Homenagem Póstuma: Ítalo Vitório Nocchi

O ano seguinte, 1954, foi um período turbulento e trágico na história do país. De há muito Getúlio Vargas vinha sofrendo pressão dos partidos da oposição, em especial a UDN, que temiam que ele se perpetuasse no governo, como fizera após a Revolução de 1930. O jornalista Carlos de Lacerda, fundador e diretor do jornal *Tribuna de Imprensa*, que foi ferido num atentado a mando do famoso tenente Gregório, comandava a corrente civil e militar que torcia pela deposição de Vargas. Não querendo ser deposto pela segunda vez, Getúlio Vargas, como amplamente informado à época, optou pelo suicídio, no dia 24 de outubro de 1954, deixando uma longa e famosa "Carta-Testamento", que foi redigida, acredita-se, por ele mesmo:

> Mais uma vez, as forças que os interesses contra o povo coordenaram novamente se desencadeiam sobre mim.
>
> Não me acusam, me insultam; não me combatem, caluniam-me; não me dão o direito de defesa. Precisam sufocar a minha voz e impedir a minha ação para que eu não continue a defender como sempre defendi o povo e principalmente os humildes. Sigo o destino que me foi imposto. Depois do domínio e espoliação dos grupos econômico-financeiros internacionais, fiz-me chefe de uma revolução e venci. Iniciei o trabalho de libertação e instaurei um regime de liberdade social. Tive que renunciar. Voltei ao governo nos braços do povo. A campanha subterrânea dos grupos internacionais aliou-se às dos grupos nacionais revoltados contra o regime de garantia do trabalhador. A lei de lucros extraordinários foi detida no Congresso. Contra a justiça de revisão do salário mínimo se me desencadearam os ódios. Quis a liberdade nacional de potencialização das nossas riquezas através da Petrobras, e mal começa essa a funcionar, a onda de agitação se avoluma. A Eletrobrás foi obstaculizada até o desespero. Não querem que o trabalhador seja livre. Não querem que o povo seja independente.
>
> Assumi o governo dentro da espiral inflacionária, que destruía os valores do trabalho. Os lucros das empresas estrangeiras alcançavam até 500% ao ano. Veio a crise do café, valorizou-se o nosso principal produto. Tentamos defender seu preço e a resposta foi uma violenta pressão sobre a nossa economia a ponto de sermos obrigados a ceder.

Tenho lutado mês a mês, dia a dia, hora a hora, resistindo a uma agressão constante, incessante, tudo suportando em silêncio, tudo esquecendo, renunciando a mim mesmo para defender o povo que agora se queda desamparado. Nada mais posso dar a não ser o meu sangue. Se as aves de rapinas querem o sangue de alguém, querem continuar sugando o povo brasileiro, eu ofereço em holocausto a minha vida. Escolho este meio de estar sempre convosco. Quando vos humilharem, sentireis minha alma sofrendo ao vosso lado. Quando a fome bater à vossa porta, sentireis em vosso peito a energia para a luta, por vós e por vossos filhos. Quando vos vilipendiarem, sentireis no meu pensamento a força para a reação. Meu sacrifício vos manterá unidos, e meu sangue será a vossa bandeira de luta.

Cada gota do meu sangue será uma chama imortal à vossa consciência e manterá a vossa vibração sagrada para a resistência. Ao ódio respondo com o meu perdão. Aos que pensam que me derrotaram, respondo com a minha vitória. Era escravo do povo e hoje me liberto para a vida eterna. Mas este povo de quem fui escravo não será mais escravo de ninguém. Meu sacrifício viverá para sempre em sua alma. E meu sangue será o preço do seu resgate.

Lutei conta a espoliação do Brasil. Lutei contra a espoliação do povo. Tenho lutado de peito aberto. O ódio, as infâmias, a calúnia, não abateram meu ânimo. Vos dei a minha vida. Agora ofereço a minha morte. Nada receio. Serenamente dou o primeiro passo no caminho da eternidade e saio de vida para entrar na História. Deixo à sanha dos meus inimigos o legado da minha morte.

Em Porto Alegre, como em várias outras capitais, a reação à morte do presidente Vargas foi violenta. O povo saiu às ruas, provocando, ameaçando e quebrando diversos estabelecimentos que lhe parecessem estrangeiros, tais como a filial do Citibank, de onde foi jogado à calçada um piano, e as Lojas Guaspari, que de estrangeiro só tinham o nome. Também foram depredadas as sedes do PSD, PL e UDN, os jornais *Diário de Notícias*, da cadeia de Assis Chateaubriand, o *Estado do Rio Grande* do PL, e a Rádio Farroupilha. Postado na Praça da Alfândega, acompanhei todo esse violento quebra-quebra. Muitas casas comerciais foram saqueadas. Diante da situação, que tendia a se agravar, os quartéis situados nas redondezas dispersaram a multidão.

Em julho de 1954, criei junto com meu sogro a *Revista de Orientação Econômica, Fiscal e Trabalhista*. Meu sogro se encarregava dos anunciantes e eu dos autores dos artigos. O lucro não era lá grande coisa, mas me proporcionou o contato com especialistas das matérias, juízes como o Dr. Jorge Surreaux, Carlos Barata e Silva, Breno Sanvicente e outros, com os quais, tempos mais tarde, me encontrei e convivi, quando fui procurador da Justiça do Trabalho. Não imprimimos muitos números.

No plano político, em 10 de outubro realizaram-se eleições para governador do Estado. Concorreram Ildo Meneghetti, pela coligação PDS, PL e UDN, Alberto Pasqualini, pelo nosso partido PTB, Wolfram Metzler pelos antigos integralistas e pelo PSP José Diogo Brochado da Rocha, egresso do PTB. Acabou vencendo Ildo Meneghetti, que foi empossado em 31 de janeiro de 1955.

Eu tinha um antigo colega do banco, Douglas Assyres Português, que graças à amizade com um enfermeiro do Jango quando este vinha a Porto Alegre, conseguira a nomeação de juiz classista, representante dos empregados junto à Justiça do Trabalho. Ele seguidamente me entusiasmava a conseguir um cargo de procurador, e comecei a amadurecer a ideia. Naquele momento era difícil. Mais adiante, quem sabe. Afinal, eu ainda dividia o meu trabalho no banco com o magistério.

Em setembro de 1955, festejei os cinco aninhos da Fernanda na AFAPA. Em fevereiro do ano seguinte, 1956, tomei uma séria resolução, mais uma na minha vida. Eu havia aprofundado o meu relacionamento com Petrônio Corrêa, um jornalista do jornal *A Nação*. Tornamo-nos amigos. Ele estava fazendo umas reportagens sobre a ASCAR, Associação Sulina de Crédito Rural, criada pelo meu diretor, Kurt Weissheimer.

Eu sempre gostara de publicidade, fora uma das minhas tarefas no banco. Conversa vai, conversa vem, Corrêa acabou me convencendo a trabalhar com ele na Grant Advertising, uma empresa internacional, com matriz em Chicago, nos Estados Unidos, e filial em Porto Alegre, da qual era gerente. Estava precisando de um assistente da gerência, e o salário era tentador.

Consultada a família, que acabou comprando a ideia, faltava comunicar minha decisão à diretoria do banco. Eu estava completando mais de dez anos na mesma empresa, o que, conforme estabelecia a legislação trabalhista da época, impedia o empregador de demitir o empregado, a não ser por falta grave. Era uma garantia para o empregado de um lado, mas, de outro, o acomodava, impedindo-o muitas vezes de dar um passo adiante na vida.

Foi uma surpresa, para não dizer uma bomba, o meu pedido de demissão. Os diretores encarregaram o diretor Weissheimer de tentar me convencer a mudar de ideia. Afinal, ele era o meu padrinho. Mas, além da tentação do salário, eu estava convencido a tentar um novo caminho em minha vida profissional.

A exemplo do que ocorrera no Seminário, os onze anos em que trabalhei no Banco Agrícola Mercantil S.A. foram marcantes, sob todos os aspectos vida. Entrei lá com 21 anos, rapazinho inexperiente e solteiro, e dele saí homem maduro, casado e pai de família. Guardo saudades de nossas festas, rapazes e moças, eu ainda solteiro, na Colônia de Férias do banco, em Ipanema. Jamais esquecerei as manifestações de carinho dos meus colegas quando do meu casamento e da minha formatura em Direito, presenteando-me com o anel.

É possível, ou quase certo, que se eu tivesse continuado no banco teria chegado a diretor. Pretensão? Tempos mais tarde, diretor do Banco Rio-Grandense de Expansão Econômica S.A., encontrei-me, certo dia, no Aeroporto de Porto Alegre, com meu padrinho Kurt Weissheimer. Eu estava embarcando e ele esperando um inspetor do Banco Central. Conversa vai, conversa vem ele me convidou para voltar para o seu banco. "Você sabe", disse-me ele, "o Egydio e o Kaminski vão por mim. Você vai inicialmente como nosso gerente em Recife e, logo mais, você volta para ser um de nossos diretores".

Eu havia tirado vários companheiros de outros bancos e os colocara como gerentes de filiais do meu banco. Com que cara ficaria perante eles, abandonando-os a meio caminho? Despedi-me, agradeci o convite e a confiança que Weissheimer sempre depositara em mim. Não foi nosso último encontro.

Publicitário e procurador do trabalho

No dia 29 de fevereiro de 1956 me desliguei do banco, e no dia seguinte, primeiro de março, iniciei minhas atividades como assistente da gerência da Grant Advertising. Meu contato mais importante dentro da empresa era com as Indústrias Renner, particularmente com o senhor Herbert Renner.

Ao que parecia, meu trabalho estava agradando. Certo dia, porém, para minha surpresa, o gerente me confidenciou que estava pretendendo se retirar da empresa. O que seria, no seu entendimento, interessante para mim, pois eu ficaria no seu lugar. Não gostei da confidência. Havia nela algo de errado.

Um dos clientes que eu atendia era a Companhia Rio--Grandense de Expansão Econômica S.A., com cujos diretores eu fizera amizade. Especialmente com um deles, o Dr. Justino Vasconcelos, que havia sido seminarista como eu. Alguns diretores da companhia eram membros da diretoria da então Associação Comercial de Porto Alegre, hoje FEDERASUL. Transmiti-lhes minha apreensão e eles me convidaram para trabalhar com eles.

Em novembro, decepcionado, me desliguei da Grant, onde permaneci apenas nove meses. Uma decepção, para quem vinha de uma permanência de onze anos no emprego anterior.

Mas algo de positivo me sobrou. Com as regalias que eu tinha tido no novo emprego, resolvi arriscar minha antiga pretensão: ser procurador da Justiça do Trabalho. Certo dia, me enchi de coragem e fui ter com o procurador regional, para expor-lhe minha vontade. Fui recebido pelo subprocurador, Dr. Marco Aurélio Flores da Cunha, filho do general Flores da Cunha, à época presidente da Câmara Federal.

Não fui bem recebido. Ele simplesmente me disse que não havia vaga nenhuma, quando eu tinha certeza de que era o contrário. Sabedor de quem se tratava, resolvi convencê-lo de outra forma: embarquei para o Rio de Janeiro e fui ter com o desembargador Milton Barcelos, tio-avô da minha esposa e figura respeitada na magistratura do país. Relatei-lhe minha pretensão e a forma como havia sido recebido na procuradoria em Porto Alegre. No dia seguinte, fomos à Câmara Federal, onde fomos recebidos pelo general Flores da Cunha, e Dr. Milton expôs-lhe o meu desejo. De imediato, o general chamou a secretária e ditou-lhe uma carta onde solicitava a seu filho que atendesse o meu pleito.

Vivíamos à época do pistolão. Com um bom pistolão, conseguia-se qualquer coisa. De volta a Porto Alegre, apresentei-me ao Dr. Marco Aurélio, que, ao me ver, já foi dizendo de pronto que eu não fosse importuno, pois não havia vaga alguma. Eu lhe disse que tinha, apenas, uma carta para ele. Ao lê-la, ele comentou: "O senhor é um rapaz esperto. A meu pai eu não posso negar nada". Para que o presidente Juscelino assinasse a minha nomeação, que permaneceu meses na sua mesa, foi uma outra batalha. Mas venci.

Decorridos os anos, o Dr. Marco Aurélio e eu nos tornamos amigos. Ele costumava dizer que os melhores pareceres eram os meus e os do meu grande colega e amigo à época, o Dr. Jorge Huet Bacelar. Quando, anos mais tarde, fui eleito diretor do Banco de Expansão S.A. e precisei me licenciar da função de procurador, o Dr. Marco Aurélio não só me concedeu de imediato a licença, como com outros amigos me ofereceu um almoço no Clube do Comércio.

O que ocorreu na Grant Advertising foi um capítulo à parte. O gerente regional efetivamente se desligou da empresa e fundou, com dois amigos, uma outra empresa do ramo, a MPM, levando com ele o melhor cliente, as Indústrias Renner S.A.

A diretoria da Grant me convidou para voltar. Demiti--me da Companhia Rio-Grandense de Expansão Econômica S.A. e seus diretores compreenderam o meu desligamento, entendendo que no momento não divisavam muito futuro para mim. Em primeiro de setembro de 1957 assumi como gerente a filial da Grant em Porto Alegre. Era agora um dublê de procurador do Trabalho e publicitário.

Permaneci na Grant até 30 de junho de 1959, quando a empresa entendeu de encerrar suas atividades em Porto Alegre, permanecendo no Brasil apenas com a filial do Rio de Janeiro.

Em 2 de agosto de 1956 havia nascido meu novo rebento, desta vez um homem, João Batista. Minhas atividades exigiam muito de meu tempo. Eu viajava em busca de novos clientes e devia atenção aos já conquistados. Certo dia, ao chegar na agência, me deparei com um cartaz pintado pelo pessoal da área. Exibia uma criança, um guri com uma mamadeira na mão, perguntando: "Mãe, quem é esse homem?"

Tínhamos clientes em Porto Alegre, Caxias do Sul, São Leopoldo e Santa Catarina. E um *staff* de funcionários de primeira linha, entre os quais Hugo Madureira Coelho, Valter Gomes Pinto, Ronald Dias Pinto, Heinz Huyer e outros. Produzimos campanhas de venda para diversos clientes. Quando do surgimento dos aparelhos de televisão, a primeira empresa a lançar o produto no mercado foi a Casa Coates, ligada à tradicional Casa Victor. E o anúncio que produzimos se intitulou "Madrugando no Canal".

Em 30 de outubro de 1958 ocorreram as eleições para o governo do Estado. Concorreram Leonel de Moura Brizola, pela coligação populista (PTB, PRP e PSP), e Walter Peracchi de Barcellos pela Frente Democrática (PSD, PT e UDN). Brizola se elegeu com 55.2%, e tomou posse em 31/01/1959.

Festa de Natal dos funcionários da Grant Advertising.

Antes disso, o governo Meneghetti, meio desgastado, procurava uma forma de mostrar suas realizações. Sabedor do problema, fui ao palácio e sugeri aos responsáveis pela campanha uma forma de demonstrar ao eleitorado as obras do governo. Quando governador de Minas Gerais, Juscelino construiu, numa determinada Praça de Belo Horizonte, um monumento na forma do antigo mata-borrão, para exibição de suas obras. Sugeri aos responsáveis pela campanha governista a construção de um idêntico monumento em Porto Alegre. O problema é que o mata-borrão de Minas Gerais era todo de concreto, o que encarecia a obra sobremaneira. Consultei a talvez maior empresa construtora da época, a Ernesto Woebcke e Cia., que me sugeriu, para baratear o custo, construir um mata-borrão de madeira, somente com as sapatas de cimento. Vendida e comprada a

ideia, foi escolhido o local, a esquina da Av. Borges de Medeiros com a Gal. Vitorino, onde existia um local vazio e central, e
onde hoje está localizado o Edifício Tudo Fácil.

Dentro do mata-borrão estavam expostas as obras do
governo, e no dia da inauguração da obra compareceu pessoalmente o governador Meneghetti, com seu ajudante de ordens,
Hélio Carlomagno. Lembro-me da resposta do governador a
uma referência feita ao Brizola pelo ajudante de ordens: "Você
não gosta do rapaz, não é?"

Passado algum tempo, e antes de ser empossado, Brizola
me mandou um recado, recomendando que eu tratasse de receber o pagamento da obra, pois, empossado, ele não me pagaria.
Realmente, o governo estava me devendo uma boa parte. O secretário da fazenda, à época, era o Dr. Galeno Veríssimo, primo
da minha sogra. Coloquei-o a par da ameaça e ele, de imediato,
ordenou que me pagassem o saldo da dívida.

-12-
GRUPO EXPANSÃO

Desligado da Grant Advertising, em primeiro de julho de 1959, junto com os administradores da Cia. Rio-Grandense de Expansão Econômica S.A., fundamos a Cia. Rio-Grandense de Expansão Publicitária S.A., tendo como diretores o Sr. José de Abreu Fraga, que era um dos diretores do Grupo, e eu. Nos instalamos no quarto andar do Edifício da Associação Comercial. Levei grande parte do *staff* que trabalhara comigo na Grant. Entre outros, o Valter Gomes Pinto, o Ronald Pinto, o Heinz Huyer e alguns novos profissionais.

As estrelas do Grupo Expansão eram, entre outros: o Dr. Loureiro da Silva, político da maior expressão, ex-prefeito de Gravataí e mais tarde de Porto Alegre; Sylvio da Costa Torres, à época presidente da Associação Comercial de Porto Alegre; Afonso Paulo Feijó, ex-presidente da mesma Associação; Dr. Justino Vasconcellos, consultor jurídico; e Isaac Cruz — todos membros da diretoria da Associação, além de José de Abreu Fraga e Davi Berlin, este gerente de vendas.

Em 1960 ocorreram as eleições municipais para prefeito de Porto Alegre. Loureiro da Silva, fundador do Partido Trabalhista Brasileiro, que em 1955 havia concorrido a prefeito sendo derrotado por Leonel Brizola, desligara-se do PTB, concorria novamente, já agora pela coligação PDC-PL. Nós, da Expansão

Publicitária, evidentemente, coordenamos sua campanha. Nosso mote contra o adversário, Wilson Vargas da Silveira, foi "Suíças longas - ideias curtas", fazendo referência, naturalmente, ao penteado do adversário. Eleito, antes de assumir a prefeitura Loureiro da Silva, naturalmente, licenciou-se da Expansão, levando consigo José de Abreu Fraga, para o cargo de um de seus secretários.

Decorrido algum tempo, a diretoria do Grupo Expansão entendeu de transformar a Cia. Rio-Grandense de Expansão Econômica S.A. em banco comercial, o Banco Rio-Grandense de Expansão Econômica S.A. A diferença consistia em que a primeira realizava um empréstimo a um determinado cliente, que assinava uma espécie de nota promissória aceita pela financiadora e vendida no mercado com seu aval, através de corretoras de valores e corretores contratados pela companhia. Tais companhias, não sendo bancos, não podiam abrir e manter filiais.

Com meu currículo bancário, conquistado através dos bancos em que havia atuado, como o Banco Porto Alegrense S.A., e, sobretudo, Banco Agrícola-Mercantil S.A., fui eleito diretor do banco sem me desligar da Cia. Rio-Grandense de Expansão Publicitária. Quando o banco passou a despontar no mercado de então como um banco de ideias novas, concentrei minhas atividades exclusivamente ali. A primeira iniciativa foi deixar o Edifício da Associação Comercial para, como banco aberto ao público, funcionar com visibilidade e acesso fácil aos clientes, a exemplo dos demais bancos comerciais. Nosso endereço passou a ser na Avenida Borges de Medeiros, nº 328, Edifício Planalto.

Em 1961, inauguramos duas filiais no interior do Estado: a primeira em Pelotas, e a segunda em Caxias do Sul, quando o Dr. José Loureiro da Silva compareceu para prestigiar o evento. Em Porto Alegre inauguramos três agências, a primeira no Passo d'Areia, a segunda no bairro São João, para a qual convidamos para patrono o Sr. A. J. Renner, e a terceira no bairro Floresta, cujo patrono foi o Sr. João Dico de Barros, presidente da

Casa e Hotel Dico. No ano seguinte, 1962, sempre com a devida licença da SUMOC, abrimos, no primeiro semestre, mais uma agência em Porto Alegre, no bairro Azenha, e outra em Viamão. Ao longo do ano, inauguramos as filiais de Bagé, Uruguaiana, Santa Maria, Passo Fundo, Itaqui, Gravataí, Canela, Frederico Westphalen, Galópolis e Cachoeirinha. Ficaram previstas para o ano seguinte, 1963, a abertura de filiais em São Paulo e Rio de Janeiro.

Direção do Banco Rio-Grandense de Expansão Econômica

Em meados do segundo semestre de 1962, com toda a pompa requerida pelo fato, procedemos à inauguração, na Rua Uruguai, do Edifício Sede da matriz do banco. Nele ficaram instalados não apenas os diversos setores de funcionamento, mas também a Cia. Rio-Grandense de Expansão Publicitária S.A., uma agência de turismo recém-criada e um salão de refeições.

No ano anterior, eu havia sido homenageado com um jantar no Restaurante da Associação Comercial, ao qual compareceram não só companheiros do Grupo Expansão, como amigos, clientes, autoridades — como o vice-prefeito da capital, empresários de Porto Alegre e Caxias do Sul — e até, representando o reitor da PUC, meu colega de Faculdade Irmão Élvio Clemente. Meu sogro, também presente, teria ouvido de um amigo o seguinte comentário: "Este moço está começando onde outros terminam". Eu tinha 38 anos. Moço, para uma época em que banqueiros eram idosos e tradicionais no ramo.

Mas a alegria durou pouco. Face à rapidez imprimida aos negócios e investimentos do banco, em determinado dia do mês março do ano seguinte, 1963, ficamos descobertos na Câmara de Compensação, o que importava em inadimplência de um estabelecimento bancário. Na companhia do prefeito, Dr. Loureiro da Silva, então diretor licenciado do banco, fui ao governador Ildo Meneghetti, que nas eleições de outubro de 1962 havia derrotado seus contendores Egydio Michaelsen e Fernando Ferrari. De imediato ele determinou ao Banco do Estado do Rio Grande do Sul S.A. que fizesse um aporte de recursos para o nosso caixa. Foi apenas um paliativo. Se uma pessoa com pouco ou sem dinheiro perde a credibilidade, imagine-se um estabelecimento de crédito.

Num determinado dia, adentraram meu gabinete no quarto andar do banco o Dr. Loureiro da Silva e o então senador Tarso Dutra, cunhado do nosso companheiro de diretoria Justino Vasconcelos. Delicada e educadamente, me fizeram ver que se eu fora responsável pelo inédito crescimento do banco era, também, e naturalmente, responsável por seu insucesso. Concordei plenamente com eles, e me demiti.

O segundo fato é que um estabelecimento bancário que sofre uma corrida perde a credibilidade. Em linguagem humana, perde a virgindade. Foi convidado a me substituir o Claudio Goulart Candiota — recentemente falecido, enquanto escrevo estas linhas —, então gerente do Banco da Bahia S.A., que mais tarde encampou o Banco de Expansão S.A. e que, mais tarde ainda, desapareceu do mercado. A exemplo do que tempos depois acabaria acontecendo com a totalidade dos estabelecimentos bancários gaúchos, inclusive os meus velhos amigos Banco Porto-Alegrense e Agrícola-Mercantil S.A.

Num flashback rápido, quando ainda diretor do banco eu havia me mudado da Rua Riachuelo para a Rua Demétrio Ribeiro, nº 919. Minhas duas filhas, Fernanda Ivelise e Maria Cristina, frequentavam o secundário do Colégio Sevigné, e o João Batista o jardim da infância. Na mudança ocorreu um episódio que relembro até hoje, e revela a minha personalidade. A casa era geminada com uma outra em que morava a proprietária do prédio, mãe de dois filhos. Nos fundos da casa havia um quintal, onde o João Batista, enquanto procedíamos a mudança, brincou o dia inteiro com os novos amiguinhos, que ele chamava de Cuca e Caiei. O resultado foi que, ao fim do dia, ele ardia em febre. Recém-mudados, ainda sem telefone, como chamar o pediatra da família? Foi quando me recordei de ter visto numa determinada casa na rua ao lado, a Espírito Santo, a placa de um médico, como era costume na época. Fui buscá-lo, com as devidas explicações. Havia me mudado naquele dia, não estava ainda com telefone, não tinha como chamar o pediatra. Gentilmente o médico acedeu a meu pedido e veio ver o meu filho. Receitou o que devíamos fazer, paguei o emolumento. À saída, o doutor se deteve. Olhou as paredes e, surpreso, me perguntou:

— O senhor não disse que se mudou hoje?

A razão da pergunta era porque a casa estava toda em ordem, móveis nos seus devidos lugares e quadros nas paredes. Este foi sempre um dos meus lemas, "Não deixe para amanhã o que pode fazer hoje".

Passados anos, descobri um artigo que motivou uma de minhas crônicas, "Sempre às sextas-feiras", intitulado "Desmanche as malas e viva". Contava a história de um casal que se mudava, sem nunca desfazer suas malas, quer dizer, não vivia. Estavam sempre em viagem, em busca de um horizonte nunca alcançado. Meu artigo, além de publicado, foi também transcrito pelo *Cochicho*, um órgão promocional interno da Escola Profissional Champagnat.

Um outro fato, este muito mais importante, me fez recordar meu tempo de moradia na Rua Demétrio Ribeiro. Afastado de há muito da vida política, eu acompanhava, agora de longe, o que ocorria no Rio Grande do Sul e no país. No panorama nacional, Juscelino Kubitschek, após um governo de grandes realizações, encerrou seu mandato em janeiro de 1961, impedido pela Constituição em vigor de concorrer a uma nova eleição. Enfrentaram-se então, como candidatos, o general Henrique Teixeira Lopes e o ex-governador de São Paulo, Jânio da Silva Quadros, que, vitorioso, se revelou um histrião. Era conhecido como o "homem da vassoura", que ele brandia em seus comícios. Tive oportunidade de vê-lo durante um comício em Porto Alegre. Seu refrão era: "Varre, varre, vassourinha! Varre, varre a bandalheira! O povo já está cansado de viver desta maneira". Seu vice era João Goulart, que não era apreciado pelos generais desde o tempo em que fora Ministro do Trabalho, no governo de Getúlio Vargas. Mais tarde, esperando que os militares o apoiassem, porque não queriam saber de Jango, por acaso Jânio Quadros renunciou, na esperança de que sua renúncia não fosse aceita e ele se tornasse ditador. O tiro saiu pela culatra. Os militares acataram a renúncia. Mas não concordaram com a ascensão de João Goulart, que estava em viagem à China. Foi quando Leonel Brizola, apoiado pelo comando do Terceiro Exército, surgiu com a guerra da Legalidade. Inicialmente, os generais da linha-dura ameaçaram bombardear o Palácio do Governo, na Praça da Matriz.

Como a nossa casa ficava praticamente nos fundos do palácio, aluguei um carro e mandei minha mulher e filhos para o Veraneio Hampel, em São Francisco de Paula. No final das contas, temerosa de um confronto nacional, a linha-dura recuou e Jango assumiu, em um regime parlamentarista. Mais tarde, um plebiscito derrubou o regime parlamentarista. Eu estava, casualmente, em Capão da Canoa, e lá votei a favor do regime constitucional. Lamentavelmente, os generais linha-dura, apoiados por parte da sociedade civil e por alguns governadores, entre eles Ney Braga, do Paraná e Ildo Meneghetti, do Rio Grande do Sul, mantiveram sua posição. Como o ambiente em

Porto Alegre não lhe era favorável, Meneghetti se refugiou em Passo Fundo. A propósito, para marcar o episódio surgiu uma modinha que o povo cantava referente ao fato, e que dizia o seguinte: "Meneghetti, gheti, gheti, não te mete a fazer revolução/ Enquanto o povo apanha, o Cabral e o Zuza Aranha tomam uísque de montão". Zuza Aranha, irmão de Oswaldo Aranha, era o secretário da Fazenda, e Cabral chefe de gabinete do governador.

Finalmente os generais linha-dura deram o famoso golpe de 31 de março de 1964, instaurando a ditadura que perdurou até 1988. João Goulart e Leonel Brizola se refugiaram no Uruguai.

***

A estas alturas, eu havia me mudado da Demétrio Ribeiro, já não mais para um apartamento, mas para uma casa, na Avenida Bastian, n° 149. Certo dia, quando ainda era diretor do Banco de Expansão, num encontro casual com Loureiro da Silva, sabedor de minha mudança, ele me dissera, no seu modo poético de falar, que a Bastian era "a rua mais rua de Porto Alegre". Antes disso, no verão de 1960, como a minha filha mais velha tivera problemas de hepatite e não podia enfrentar as ondas do mar, aluguei uma casa em Ipanema, casualmente na mesma rua em que Loureiro passou uns dias na casa de um amigo, para descansar da disputa eleitoral que havia enfrentado e vencido. Gostamos tanto do veraneio que acabei comprando uma casa, que existe até hoje. Além de um Simca Chambord zero quilômetro na garagem.

Nos fins de semana a casa ficava cheia de companheiros do Banco de Expansão, que vinham para o churrasco e jogo de vôlei. A casa passou a ser chamada, por sugestão do Valter Pinto, de "Giacobbo's Place". Guardo até hoje a placa que ele mandou fazer.

Voltando no tempo, enquanto eu saía do Banco de Expansão, no dia 3 de abril de 1963, nascia meu quarto rebento, minha filha Daniela. Hospitalizada na Beneficência Portuguesa, onde nasceram todos os meus filhos, minha mulher naturalmente não foi informada dos acontecimentos da minha vida profissional. A dura verdade é que eu estava desempregado, e com quatro filhos e esposa para sustentar.

Durante a minha permanência no banco eu havia comprado o carro zero e a casa em Ipanema, onde fizemos muitas festas com companheiros do banco. Na época, eu gozava de uma qualidade de vida à altura. Para mantê-la, seria preciso tomar as devidas providências. Para quem chegara onde eu havia chegado, com o conforto e o padrão de vida que eu usufruía, a coisa não era fácil. Quando deixei o banco, apenas duas pessoas, nunca esqueci, se mostraram dispostas a me ajudar. O Francisco Mottin, e, vejam, um cigano, meu cliente do banco, que me convidou para trabalhar com ele. A primeira providência foi voltar à Procuradoria do Trabalho. Passado o incidente e desfeito o temporal, quem sabe voltar para o ramo do qual eu entendia?

Em maio de 1963 embarquei para o Rio de Janeiro com duas finalidades: tratar do meu retorno à Procuradoria, de onde me havia licenciado quando fui eleito diretor do Banco de Expansão, e saber que rumo poderia dar à minha vida, já que eu tinha pessoas influentes junto ao presidente João Goulart desde o tempo de minha atuação política. Aliás, antes de assumir o cargo de Ministro do Trabalho, ainda no segundo governo de Getúlio Vargas, Jango havia reunido, lembro-me bem, no apartamento de sua mãe, na Avenida 24 de Outubro, nos Moinhos de Vento, alguns de seus companheiros e amigos da Ala Moça, entre outros Neu Reinert, Moacir de Souza e eu, para ver quem poderia acompanhá-lo. Jango me descartou de pronto, disse que eu era certinho, casado e com filhos. Agora, com a turbulência que se passava no país, politicamente não consegui nada. Meu retorno à Procuradoria, este sim, ficou garantido, após uma visita feita ao Ministério do Trabalho.

Na volta, passei por São Paulo e consegui algumas representações. Entre outras a das Indústrias Dizioli. De volta a Porto

Alegre, onde consegui mais algumas representações, montei um escritório no Menino Deus. Dois ex-funcionários do banco, que eram meus amigos e tinham sido demitidos — pois o novo diretor, me contaram, não queria saber "da turma do Giacobbo" —, vieram trabalhar comigo: o Paulo Pereira da Silva, mais tarde gerente da filial de Porto Alegre do Banco do Paraná S.A., e o Carlos Edmundo Kuhn.

O negócio ia bem. Cada um deles acabou comprando o seu carro, e eu troquei o meu. Vendi a casa de Ipanema, me lembro, para um funcionário do Banco do Estado do Rio Grande do Sul S.A.

-13-
DANDO A VOLTA POR CIMA: GRUPO CREFISUL

Em janeiro de 1964, fui a uma tal de Sibisa — mais tarde transformada em Companhia de Crédito e Financiamento do Sul,
Crefisul — pagar a prestação do carro que havia comprado na
Copagra. Quando estava sendo atendido no balcão, apareceu e
veio falar comigo o Desembargador Isaac Melzer. Eu me lembrava de tê-lo encontrado certo dia na rua, eu ainda no Expansão,
quando ele me contou que estava planejando fundar uma financeira com um determinado grupo, e perguntou se eu não podia
emprestar-lhe uma cópia de nossos estatutos. Eu lhe disse que
sim, e mais tarde atendi ao seu pedido. Falei a respeito com um
de nossos diretores, que discordou do meu ato. Mas o fato estava
consumado. Conversa vem, conversa vai, sabedor naturalmente
do meu desligamento do Grupo Expansão, perguntou se eu não
queria conhecer o diretor principal do Grupo, um tal de Aron
Birmann. Aceitei o convite e entrei para falar com ele. Após uma
troca de informações, ele perguntou se eu não aceitaria vir trabalhar com eles.

Respondi que iria pensar. Estava ainda com a cabeça
quente por tudo quanto me havia acontecido. Iria para a praia e
na volta daria a resposta. Birmann perguntou-me qual a minha
praia, e respondi que era Atlântida. "Somos, então, da mesma

praia", ele disse. Ficou acertado que no fim do veraneio voltaríamos a conversar, e ele ficou com meu endereço e telefone.

Na volta da praia recebi um telefonema da parte do Sr. Birmann, solicitando minha presença na empresa. Estavam com um problema em Rio Grande, com um cliente inadimplente. Sabedor de que eu era rio-grandino, pediu que eu fosse até lá resolver a situação, e me acompanhou na missão o então principiante no mercado bancário, Dr. José Mattone.

Em Rio Grande, resolvemos o problema. O cliente nos deu uma garantia que ficou em mãos de meu irmão Cauby. Foi minha primeira missão a serviço do futuro Banco Crefisul de Investimento S.A. Em primeiro de abril de 1964, como consta de minha velha carteira profissional do Departamento Nacional do Trabalho, assinada pelo então gerente da empresa, Sr. Nilvo Berwig, fui admitido como superintendente de vendas com o salário de cento e cinquenta mil cruzeiros.

O Crefisul funcionava quase no fim da Rua Sete de Setembro, a Wall Street da época. A maioria dos bancos, no entanto, estavam localizados no início da avenida, próximos da Praça Quinze, assim como as corretoras de valores. As instalações se resumiam ao andar térreo e um balcão, onde eram atendidos os clientes, um mezanino e o andar superior, onde ficavam os gabinetes dos três diretores, Henrique Sirotsky e Assis Litwin, com Aron Birmann no meio. Sirotsky e Birmann eram primos, e Litwin cunhado deles. A direção do Crefisul estava a cargo do Sr. Birmann, enquanto os outros dois se preocupavam com outras empresas do grupo, como a Eimol.

A primeira sede da empresa em Porto Alegre havia sido em algumas salas do Edifício Brasília, na Travessa Leonardo Truda. As atuais instalações eram igualmente acanhadas, tanto que o meu birô ficava na frente do banheiro, com gente entrando e saindo toda hora.

Meu trabalho era vender as Letras de Câmbio — emitidas pela Crefisul, aceitas pelo financiado e vendidas no mercado, através das chamadas corretoras de valores, resgatadas no seu vencimento pela companhia emissora, em nosso caso, a

Crefisul. As corretoras cobravam uma taxa de corretagem, e o risco do negócio estava, naturalmente, na idoneidade da companhia emissora.

Houve, em determinado momento, uma financeira que pagava uma corretagem acima da nossa e das demais. Ao que parece, não era precavida nos empréstimos que fazia e, consequentemente, sem condições de resgatar as letras que emitia. Eram empréstimos frios, o que, naturalmente, poderia levar a emitente à falência, respingando na idoneidade da corretora.

Certo dia, Dr. Aron pediu que eu subisse até seu gabinete e perguntou-me como iam as coisas. Disse-lhe que estava tentando, mas, infelizmente, meu ganho se resumia ao salário, pois a comissão sobre as vendas era quase nula. Ele então abriu a gaveta de sua escrivaninha, tirou um maço de dinheiro e me entregou, dizendo que era para compensar o fraco resultado das minhas vendas. E me deu uma dica. Disse que eu fosse até Passo Fundo e procurasse um tal de Abrahão Melnick, que poderia me ajudar a vender nossas letras.

Não tive dúvidas. No dia seguinte me mandei para Passo Fundo. O Sr. Melnick, junto com um cunhado, era dono da Casa São Paulo, uma loja de armarinhos. Apresentei-me, e disse-lhe a razão da minha visita. Amigo pessoal de nosso diretor, seu Melnick comprou a ideia e tornou-se o nosso primeiro representante no interior. A primeira EPS, como passei a denominar os nossos representantes — EPS, Empresa Promotora de Serviços — porque, não sendo ainda banco, a Crefisul não poderia ter filiais. Se, por acaso, algum de nossos agentes afixasse uma placa como representante ou como filial nossa, a Sumoc mandaria imediatamente retirar o nome.

A partir de Passo Fundo, montei uma rede de agentes em todo o Rio Grande do Sul, Paraná e Santa Catarina. Rede que mais tarde, de forma idêntica, se espalhou por todo o Brasil, quando foram criadas as regionais de São Paulo e Rio de Janeiro.

Decorridos dois anos, a nova sede também se tornou exígua para os negócios que o grupo começava a desenvolver no mercado financeiro. Esse crescimento se processava sobretudo através de sua rede de agentes, então apenas vendedores de letras de câmbio, agindo em todo o interior do Estado do Rio Grande do Sul. Ainda nesse prédio era nosso pensamento (e meu em particular, como primeiro superintendente de vendas) realizar o primeiro encontro de "nossos homens". O que veio a ocorrer nos anos seguintes. Primeiro no Rio Grande do Sul, e em seguida, com a dimensão já nacional da empresa, em outros estados.

Nesse ínterim, a Crefisul abriu uma filial em São Paulo e, no ano seguinte, outra no Rio de Janeiro. Em 1965 foi criada a Crefisul S.A. Crédito, Financiamento e Investimento, que, em 1966, valendo-se da recém-promulgada "Lei de Mercado de Capitais (Lei 4728)", transformou-se em Banco de Investimento, passando a operar com o nome de Banco Crefisul de Investimento S.A.

Paralelamente, ocorreu também a mudança da sede em Porto Alegre. Dessa feita, para o prédio mais lindo da cidade à época, na mesma Sete de Setembro, numa quadra quase em frente à antiga sede.

Decorrido algum tempo, fui promovido de superintendente de vendas a gerente geral do banco. Os negócios haviam se avolumado. Foi criado o famoso Crefipop, idealizado e supervisionado por um novo diretor, contratado pelo presidente, um financiamento para pessoas de baixa renda. Tamanho foi o sucesso desse novo produto que chegamos a ter cerca de 400 funcionários só para atender a essa carteira.

Em 1972 ocorreu a associação entre o Banco Crefisul e o Citibank N.A., que possuía filiais em mais de 95 países, além do Brasil. Em decorrência dessa associação, em 4 de outubro desse ano realizou-se uma Assembleia Geral Extraordinária para constituir a nova diretoria do banco. Como presidente, permaneceu o Sr. Aron Birmann; Nilvo Berwig, que exercia as funções de diretor de operações, foi homologado como vice-presidente; Isaac Sirotsky foi reeleito diretor-geral no Estado da Guanabara. Ainda como vice-presidentes, o Banco Central homologou os nomes dos senhores Anthony W. Moro, João Batista de Carvalho Athayde e Garret F. Button. Como diretores, eleitos na mesma AGE, o BC homologou os Srs. Luiz Arthur Masseron Giacobbo, como diretor da região sul e, ainda como diretores, os Srs. Josino de Almeida Fonseca e Francis M. Thomson.

Minha eleição para diretor do Banco me trouxe um aparente problema: como diretor de banco eu não poderia continuar sendo procurador da Justiça do Trabalho, havia incompatibilidade entre as duas funções. Mais uma vez recorri ao meu velho amigo, o procurador regional, Dr. Marco Aurélio Flores da Cunha, que dessa vez não se mostrou amigo. Alegando acúmulo de processos, não podia me conceder uma licença de afastamento provisório, como fizera quando eu fora eleito diretor do Banco de Expansão. Consultada a minha mulher, não tive outra opção: pedi exoneração do cargo de procurador do Trabalho. Afinal, a diretoria de um novo banco, e um banco já, agora de porte, era a volta por cima que eu estava dando, uma volta na minha vida profissional e no meu padrão econômico. À época, os vencimentos de procurador não eram lá grande coisa.

Em 1973, ocorreu a mudança da matriz para São Paulo e eu passei a diretor do banco na região sul, que abrangia Rio Grande do Sul, Santa Catarina e Paraná. Além de criador das EPS, fui pioneiro na realização anual de convenções de confraternização com nossos representantes. A princípio, em Porto Alegre e, em seguida, fora da Capital. A primeira foi realizada fora do Brasil, em Punta del Este, uma convenção inesquecível por tudo que lá ocorreu. As regionais Centro e Norte também passaram a realizar suas convenções regionais. Na minha regional, além da convenção de Punta del Este, promovi outras em Caxias do Sul, Praia de Atlântida, Foz de Iguaçu e a última em Laguna, Santa Catarina, em 1983.

Como diretor da região sul, aumentaram, naturalmente, as minhas responsabilidades. E o meu *status* e qualidade de vida. Vieram a trabalhar comigo, como funcionários, ex-colegas do Banco Agrícola Mercantil S.A., que havia sido absorvido pelo Unibanco. Entre outros, veja-se as voltas que o mundo dá, o ex-subdiretor Dervile Reatti. Em determinado dia, sem que qualquer um desses fatos represente vanglória, recebi a visita do meu padrinho e diretor Kurt Weissheimer, solicitando um empréstimo. Tinha na época rejeitado seu convite para voltar ao seu banco como diretor e estava agora, ali, atendendo um pedido seu de empréstimo.

Com a mudança da matriz do banco para São Paulo, não se justificava mais a permanência no suntuoso prédio da Avenida Sete de Setembro, e nos mudamos para um prédio alugado ao Sr. Abrahão Goldstein, na Avenida Alberto Bins, nº 374.

Em 1º de fevereiro de 1974, uma sexta-feira, ocorreu um fato doloroso na vida do banco e de muitos de seus funcionários: o triste, fatídico e famoso incêndio do Edifício Joelma, que abrigava as instalações do Crefisul. O andar térreo e os 15 andares superiores eram ocupados pelo banco, os 10 do meio serviam de garagem. Cerca de 750 dos 1016 colegas já estavam no prédio, prontos para começar a trabalhar às 9h00, quando começou o incêndio na sala do nosso superintendente, Eduardo Freschet. Na véspera eu estivera lá numa reunião de diretoria.

Difícil e doloroso relatar o que ocorreu. Apesar do trabalho heroico dos bombeiros, que com helicópteros puderam resgatar pelo terraço muitos funcionários, 179 morreram e 235 foram hospitalizados. Pelo menos um terço dos mortos foi de colegas que saltaram ou caíram. Um dos que se jogaram foi um colega da inspetoria, que no início da semana estivera comigo em Porto Alegre. Outra que morreu foi uma secretária que havia entrado em férias e voltou para buscar a carteira de trabalho que esquecera de levar no dia anterior. Veja-se o destino.

Desde a véspera do triste episódio eu me encontrava em Porto Alegre. Fiquei sabendo do ocorrido pelo rádio. Minha mulher e meus filhos estavam veraneando em nossa casa na Praia de Atlântida. Éramos vizinhos do sogro do então governador Euclides Triches, ex-prefeito de Caxias do Sul, nomeado pelo então presidente Emilio Garrastazu Médici. Sabedores do fato, conhecidos e amigos procuraram informações a meu respeito e buscaram também tranquilizar minha família.

A narrativa trágica e heróica
de um holocausto que nunca
deveria ter acontecido

Edifício
em chamas –
o incêndio
no Joelma

JAMES H. WINCHESTER

UMA SECRETÁRIA, no 12.º andar do Edifício Joelma, foi a primeira a perceber o que se estava passando. Ela ouviu um ruído semelhante a um crepitar, vindo de uma sala vazia. Investigando, viu as espirais de fumaça que saíam de um aparelho de ar condicionado. Eram 8:50 da manhã, do dia 1.º de fevereiro de 1974.

O Edifício Joelma, em São Paulo, com seus 26 andares, que valem 200 milhões de cruzeiros, tinha sido inaugurado havia poucos meses. O Banco Crefisul de Investimentos, subsidiá-

89

Uma semana depois, na sexta-feira, 8 de fevereiro, publiquei a seguinte crônica em minha coluna no *Jornal do Comércio*, intitulada "Sempre às sextas-feiras":

Há coisas que acontecem, hoje como em todos os tempos, que nós humanamente não entendemos. A flor que murcha. O pássaro que morre. A fonte que seca. A árvore que se abate à força de um raio. O pobre que tem fome. A criança que chora. A humanidade que luta. Os companheiros que partem deixando saudade. São mistérios imperscrutáveis. Gestos incompreensíveis, partidos de Tua divina sabedoria, mas difíceis de serem aceitos pela nossa humana ignorância. Nós procuramos Te conhecer. Procuramos Te compreender. Mas, por um instante, Tu te afastas novamente, deixando-nos perdidos e confusos com os acontecimentos que ocorrem e que, em absoluto, condizem com a bondade de um Ser superior.

Deste recanto do jornal tenho me esforçado em testemunhar a Tua existência. Tenho procurado, consoante me propus, levar uma mensagem de otimismo aos que me leem. Fazer com que os leitores olhem por uma janela clara e de luz, de onde possam divisar o mundo colorido que Tu criaste. E eis que de repente, exatamente numa sexta-feira, Tu cobres de fumaça e de fogo as janelas do edifício em que trabalham os meus companheiros de empresa. Não só lhes impediste a visão de um mundo de sonho e cores, como lhes tiraste a própria vida. Encobrindo-os com o manto negro e macabro de um dos teus elementos, ceifando-lhes cruelmente a existência. Eram jovens, recém desabrochando para a vida, e Tu, passivamente, deixaste que morressem.

No entanto, semelhante procedimento de Tua parte não é novidade. Tu permitiste que os teus primeiros arautos, que num mundo pagão tiveram coragem de Te testemunhar, morressem devorados nas arenas romanas. Nem sequer intervieste para embuçar as faces dos leões esfomeados. Assististe impassível às fogueiras da Inquisição, permitindo que sábios, santos e inocentes fossem queimados vivos. Nem sequer apareceste para apagar o fogo que lhes devorava as entranhas. O fanatismo pagão e medieval foi substituído pela brutalidade de uma civilização de cimento e ferro. E Tu, aparentemente, continuas indiferente.

Os navios negreiros que singravam os mares transportando escravos não possuíam janelas. Do fundo dos seus porões, como animais selvagens, caçados no continente negro, seus ocupantes só divisavam o negrume da noite. Em vão seus gritos lancinantes, arrancados pelas chibatadas dos escravagistas tentaram comover o Teu coração. O seu eco se perdia na longa noite que separava o seu mundo de liberdade agreste do futuro triste das senzalas senhoriais. Escondido, não sei em que mundo, apreciavas, alheio, o rastro de espumas e de sangue que os negros corsários escreviam no mar. E Tu não fazes discriminação de cor. Para Ti não há branco nem preto.

As câmeras de gás da barbárie nazista também não possuíam janelas. Como janelas não possuíam as úmidas masmorras da sociedade comunista. Não podia enxergar o mundo colorido um povo em extermínio, como não pode enxergar o mundo colorido um povo em extermínio, como não pode enxergar a vida um povo privado de liberdade. E Tu não tens raça nem crédito político. Tu és apenas Deus. Mas porque és Deus não tens que ser necessariamente indiferente. Não. Tu deves ter explicações para os martírios, para as fogueiras, para as senzalas, para os campos de concentração e para os incêndios de edifícios. Tu sabes o que fazes. Nós é que, em determinado momento, não Te entendemos.

Mas, que é duro é duro. A quase totalidade deles eram jovens. Morando em cidades diferentes. Eu era um deles. Nesta hora não posso concordar Contigo. Não aceito as arenas romanas, a inquisição, as guerras fratricidas... Loiros e morenos. Barbudos e escanhoados. De olhos pardos e azuis. De mini saia ou de brim coringa. Alegres e sorridentes. Tristes e melancólicos. Trabalhadores e malandros. Estudiosos e despreocupados. Solteiros e casados. Com namoradas, esposas, filhos ou mães. Eles trabalhavam. Sorriam. Brigavam. Jogavam. Eles tinham vida. Hoje eles não mais sorriem. Deixaram de se mover. De brincar. De trabalhar. De brigar. De amar. Hoje eles são apenas mortos. Nem janela eles têm mais. Restam apenas buracos enegrecidos de um esqueleto de cimento. E Tu presenciaste o seu extermínio. Nem uma corda Tu atiraste.

Por isso, Senhor, eu também hoje estou sem janela. Porque não aceito os Auschwitz, os Andraus, nem os Joelmas. Não compreendo a dor, a miséria, nem o ódio. Não pactuo com o fanatismo, com a exploração, nem com a brutalidade. Mas, fica tranquilo. Vou continuar procurando Te compreender. Te aceitar. Te testemunhar. E isto por uma razão muito simples: porque Tu também, num dia que já vai longe, exatamente numa sexta-feira, pendurado num madeiro, com pés e mãos perfurados, peito lanceado, exclamaste do fundo da Tua revolta para as gerações do futuro: Pai, meu Pai, porque Me abandonaste? E Tu eras o filho de Deus.

Cabe aqui um parêntese, com algumas, senão muitas e merecidas considerações sobre o empresário e o ser humano que para mim e minha vida representou Aron Birmann. Chutado, por assim dizer, do Banco de Expansão, desacreditado na carreira bancária, criticado por alguns e esquecido por muitos que ajudei, ele acreditou em mim. De superintendente de vendas em 1964 fui guindado, graças ao meu trabalho, a diretor, oito anos mais tarde, de um grupo relevante e respeitado no mercado financeiro do país. Quando, por exemplo, da inauguração de seu apartamento, no prédio recém-construído pela família, o Edifício Floragê (iniciais de sua irmã Flora, esposa Raquel e cunhada Geny), fui o único funcionário convidado. Junto com um advogado também convidado, bisbilhotamos o seu closet. Quarenta ternos. Todos os dias ele trocava de terno, sapatos e relógio. Seu alfaiate era o Vargas, famoso à época, e que continuou sendo quando de sua mudança para São Paulo.

Quando do falecimento de meu sogro, grevista de quatro costados, fundador e primeiro presidente do Sindicato dos Bancários, prejudicando com isso a sua carreira no Banco da Província, repito que nenhum membro da classe compareceu a seu velório. Lá esteve, pessoalmente, Aron Birmann.

Em determinado momento do mercado financeiro, que mais tarde culminou na fusão de alguns e na liquidação de outros estabelecimentos bancários, fui a seu mando visitar os sisudos diretores do famoso e tradicional Banco da Província do Rio Grande do Sul S.A., que no passado fora o Banco Emissor da República. A missão: sua fusão com o Banco Crefisul. Imagine-se a surpresa daqueles sisudos banqueiros com a minha presença, jovem entre eles, e com a proposta de Birmann. Surpresa maior a minha: eles topavam a fusão! Só tinha um detalhe: quem seria o presidente? Respondi: "O doutor". Então eles concluíram: "Neste caso, não há fusão". Os velhos banqueiros não admitiam que um judeuzinho de Erebango se tornasse presidente de um dos bancos mais tradicionais do Brasil. Tempos mais tarde, o tradicional Província do meu sogro também foi tragado pelo furacão econômico-financeiro que sacudiu o mercado.

***

Em 5 de outubro de 1973, tendo iniciado uma coluna no *Jornal do Comércio* intitulada "Sempre às sextas-feiras", em que mandava aos leitores uma mensagem de fundo otimista, algumas vezes, e religioso, em outras, recebi de Birmann um telefonema em que, entre outras coisas, ele contou que, por três vias diferentes, recebera cópias do meu artigo. Intriga? Não sei.

Em 15 de janeiro de 1976, recebi dele a seguinte resposta a uma cópia de um discurso meu em uma de nossas convenções:

Prezado Giacobbo,

Acabo de ler o teu discurso. Não o fiz antes porque estava de férias. E só hoje consegui pôr em dia os meus assuntos. Gostei muito do teu trabalho e confesso, inclusive, que fiquei comovido com certos trechos. Passaram pela minha mente muitos pensamentos. Passaram-se tantas coisas em tão poucos anos que a gente fica surpreso quando olha para trás. Muito obrigado pela remessa.

Um abraço,
Aron Birmann

Dois anos depois, ele faleceu.

Esse foi um homem que não era sequer da minha religião, e me abriu uma porta, quando tantas se fecharam. Infelizmente, após seu afastamento do banco e até sua morte, não mantivemos mais contato. Mas ele marcou minha vida.

Antes de falecer, já em cadeira de rodas, ele transferiu suas ações para o Sr. Henrique Sérgio Gregori, presidente, e para seu irmão, vice-presidente, Gilberto Gregori.

Em 18 de dezembro de 1978 recebemos a primeira visita de nosso novo presidente. Preparei uma recepção para ele no Country Club. Os convidados, como evidente, ficaram a meu cargo, desde o então prefeito a figuras importantes no mundo dos negócios. Entretanto, ele me fez uma solicitação. Sabedor de que eu era católico praticante, gostaria, se possível, que eu convidasse para a recepção o cardeal Dom Vicente Scherer. Amigo pessoal de Sua Eminência, transmiti-lhe a solicitação do meu diretor. Acanhadamente, o cardeal descartou inicialmente sua presença. Entretanto, em atenção à nossa amizade, acabou acedendo ao convite. Na noite da recepção, meu funcionário Irio Foster foi buscar o cardeal que, naturalmente, não se demorou na festa.

No dia seguinte, solicitei aos meus amigos do *Jornal do Comércio* que mandassem alguém para entrevistar o nosso presidente. Prontamente, o jornal mandou uma repórter que foi ninguém menos do que a nossa hoje senadora, Ana Amélia Lemos, que, vinda do interior, estava estreando na mídia porto-alegrense. De volta a São Paulo, o Dr. Sérgio mandou a seguinte correspondência à minha mulher:

Prezada Sra. Eunice,

Aguardando a próxima visita a Porto Alegre, quando espero ter a companhia da Ana Elisa, e então iremos visitá-la, desejo registrar minha admiração pelo trabalho de seu marido. Ontem ele deu sobejas demonstrações de quanto é estimado e respeitado, organizando uma das mais belas recepções a que compareci. Talvez a mais calorosa, com reiteradas demonstrações de apreço que ouvi com alegria.

Meus parabéns ao casal, juntamente com meus atenciosos cumprimentos

Ass. Henrique Sergio Gregori

Ao longo de todos esses anos, paralelamente à minha vida profissional, se desenrolava naturalmente a minha vida particular e familiar. Sem descurar do meu aprimoramento pessoal, em 23 de março de 1969 me diplomei pela Associação de Dirigentes de Vendas do Brasil em Direção de Vendas e de Marketing. E em 1970, pela Faculdade de Ciências Econômicas em Contabilidade e Mercadologia.

O tempo em que moramos na Avenida Bastian — a "rua mais rua", como me dissera Loureiro da Silva — constituiu sem dúvida, sob o ponto de vista familiar, o período mais bonito de nossas vidas, minha e, acredito, de minha esposa Eunice e dos meus filhos. Filhos são como pássaros, bonitos e queridos enquanto não começa a revoada. Temos que amá-los e senti-los, enquanto não levantam voo e deixam de ser nossos. Foi o que fizemos, minha mulher e eu.

Quando nos mudamos, a Daniela já era nascida. Fernanda Ivelise e Maria Cristina continuavam cursando o Sevigné, e João Batista o Colégio das Dores. Nossa casa era inicialmente alugada, e logo fizemos amizade com toda a vizinhança. Num dos lados, morava o general João de Deus Nunes Saraiva, primo do meu sogro, que esteve ao lado de Brizola quando este se insurgiu a favor da posse de Jango. Em frente morava a nossa madrinha de casamento, Maria de Lurdes Lima, com a mãe, irmã e cunhado, este meu companheiro de aperitivo nas manhãs de sábado. Enfim, era uma vizinhança de amigos. À frente, também, ficava a sede campestre do Clube do Comércio, onde o João Batista aprendeu a jogar tênis, e onde havia também um belo salão de refeições, do qual muito nos valemos. Na época o rio Guaíba chegava até o que hoje é a avenida Praia de Belas. Na esquina, à direita de quem entrava, morava o Candido Norberto dos Santos, mais tarde presidente da Assembleia

Legislativa do Estado, meu amigo, que algumas vezes recebi quando diretor do Banco de Expansão e ele jornalista do *Diário de Notícias*. Na esquina da direita morava o Ruy Figueira, rio-grandino por sinal, famoso locutor de rádio, intitulado à época de "O micróbio do ar: o primeiro a dar as últimas".

Enfim, não era uma rua, era uma família. Havia inclusive médicos, como o Dr. Juchen, de quem podíamos nos socorrer. Difícil recordarmos todos. Enfim, uma camaradagem e uma amizade que se desdobraram indelevelmente ao longo de nossa permanência na Avenida Bastian.

Decorrido algum tempo, resolvi comprar a casa, que não deixava de ser uma construção antiga. Logo adiante, em 1968, entendi de demoli-la e construir uma nova em seu lugar. Enquanto ocorreu a construção, nos instalamos em um apartamento de fundos na Rua Marcílio Dias, mal falada à época, de onde apreciávamos o casario da avenida que beirava o Arroio Dilúvio. Uma vista, ao tempo, nada agradável. Ali permanecemos cerca de um ano. A demolição da casa antiga e a construção da nova não deixaram, como é natural, de chamar a atenção da vizinhança, em particular do general Saraiva, que se indignou com a demolição, assim, de uma casa que no seu entender ainda era boa.

Ultimada a construção, nos instalamos. Nessa altura, a família estava completa. Todos tinham seu quarto próprio, sendo que as duas filhas mais velhas compartiam o quarto dos fundos, com uma visão panorâmica. Na frente ficava o quarto do casal, contíguo aos do filho e da filha mais moça, e a biblioteca. Ao fundo havia o quarto da empregada, a lavanderia, a garagem para dois carros com uma churrasqueira e a piscina, novidade para a época. A entrada para o carro era cercada por canteiros com iluminação bastante para confundir a residência com a sede campestre do Clube do Comércio, que ficava em frente.

Muitas festas minhas filhas realizaram ali, enquanto concluíam, no Colégio Sevigné, o curso ginasial e o secundário — Fernanda Ivelise em 1968 e Maria Cristina em 1970. Em 1969 Fernanda matriculou-se na Faculdade de Direito da PUC, bacharelando-se em Ciências Jurídicas e Sociais em 1973. Maria

Cristina matriculou-se na Escola de Belas Artes, formando-se em 15 de agosto de 1975. A esta altura o João Batista cursava o ginasial no Colégio Anchieta, e Daniela o Colégio Sevigné.

Missão cumprida com a formação profissional das mais velhas e o encaminhamento curricular dos dois menores, entendi de investir na minha companheira, convencendo-a a voltar aos estudos. Eunice se matriculou no Colégio São Manoel e concluiu o curso secundário nesse educandário em 8 de janeiro de 1972. Fez vestibular para a Faculdade de Direito da PUC e bacharelou--se em Direito em 1977. Formada, montou um escritório de advocacia junto com duas colegas, Leda Carpes dos Santos e Erica Hansen Madaleno. Da primeira causa que ganhou ela não ficou com os honorários: comprou e me presenteou uma corrente de ouro com crucifixo, que carrego até hoje ao pescoço.

O escritório não durou. A primeira colega faleceu algum tempo depois e a segunda desistiu. Certo dia, vindo do tribunal, confessou chorosa que não tinha vocação para a advocacia. Preferia ser artista, pintora. E foi. Com uma centena de quadros de sua lavra espalhados por todo o mundo. Infelizmente, meu sogro Arthur Nunes Garcia, companheiro e amigo de churrascadas, havia falecido em 25 de junho de 1970, não podendo assistir à conclusão de sua obra paterna.

Em 1972, Eunice e eu fizemos nossa primeira viagem à Europa. No ano seguinte, no dia 23 de março de 1973, realizou-se o casamento de nossa filha Maria Cristina com o engenheiro Leo Fredi Riffel, filho de Leo Bernhard Riffel, à época suplente de deputado federal, e sua esposa Carmen Maria Riffel. A ccrimônia religiosa ocorreu na Capela Martin Luther, à rua Dom Pedro II, 676, com a presença do Pe. Eugênio Luft, devidamente autorizado pelo Arcebispo Dom Vicente Scherer. Os familiares e convidados foram recepcionados no Clube de Gerentes de Banco, que eu havia ajudado a criar, na Avenida Coronel Marcos, em Ipanema. Foram padrinhos, por parte do noivo, entre outros, o então deputado federal Pedro Simon. Num dos lados do convite de casamento, a pintura de uma árvore frondosa, com os seguintes dizeres: "Com raízes fortemente abraçadas à terra, e alimentada pela seiva do carinho e da

compreensão, a árvore do amor crescerá por toda a vida, procurando um dia alcançar os céus".

A formatura de Eunice em 1977.

Um ano depois, em 20 de dezembro de 1974, festejamos
o casamento de nossa filha mais velha, Fernanda Ivelise, com

o engenheiro Saint Clair Zugno Giacobbo, seu primo, filho de Joubert Masseron Giacobbo e de Zilda Zugno Giacobbo. A cerimônia religiosa aconteceu na Igreja Nossa Senhora de Lourdes, rua Gal. Caldwell, Menino Deus, sendo celebrante o Pe. Eugênio Luft. Padrinhos e convidados foram recepcionados no Hotel Plaza São Rafael.

Com a saída de nossas filhas mais velhas de casa, sendo que Fernanda, logo após o casamento, mudou-se definitivamente para o Rio de Janeiro, a nova casa começou a se tornar grande demais. Além disso, minha mulher não sabia dirigir. Tentou, quando ainda grávida da Daniela, mas foi dissuadida de continuar o aprendizado. A solução para suas idas e vindas à faculdade foi contratar um chofer, que a levava e buscava dirigindo o carro que eu comprara na Copagra, especialmente para as necessidades da família.

À época, nos meses de verão, quando a família ia para a casa na praia de Atlântida, eu, naturalmente, ficava em Porto Alegre, dando expediente no banco. Num certo dia, quando voltava para casa após o expediente, entrei com o meu carro no corredor. Havia, além da porta da frente, uma porta lateral que dava para a copa, onde fazíamos as refeições. Desliguei o carro e entrei. Para minha surpresa, dei de cara com uma garrafa de cerveja pela metade e o chapéu de couro que eu havia trazido da Europa e que tenho até hoje, já muito gasto. De cara entendi que tinha recebido a visita de um ladrão que, ouvindo o barulho do carro entrando, tratou de fugir. Imediatamente corri pela cozinha e passei para o quintal. O muro no fundo de nossa casa, encostado ao qual estava a piscina, dava para um terreno à época baldio, onde hoje se situa o prédio da Justiça do Trabalho. Apesar de todo o conforto da casa, não tínhamos cofre. As joias da família, inclusive meu anel de formatura, eram guardados numa caixa, escondida no guarda-roupa do quarto do casal. Quando abri a caixa, estava vazia.

Sexta feira, quando fui para a praia, relatei o fato à minha esposa. Pode-se imaginar como ela recebeu a notícia: inconsolada. Foi a gota d'água para amadurecer a venda da casa e nos mudarmos para um apartamento. Comprei o apartamento do primeiro andar do recém-construído Edifício Itaipu, na Rua Luciana de Abreu, bairro Moinhos de Vento. Um financiamento obtido da Caixa Econômica Federal me permitiu o luxo de mobiliar o apartamento enquanto não vendia a casa, o que levou quase um ano. Uma venda fácil, face à importância do imóvel.

Nesse meio tempo, a diretoria nacional entendeu de mudar as instalações da filial de Porto Alegre, da Avenida Cristóvão Colombo para o prédio do Citibank, na Rua Sete de Setembro, próximo de nossas antigas instalações. Estávamos retrocedendo no tempo.

Como diretor, sempre tive um bom relacionamento e um ótimo entrosamento com o nosso corpo funcional, e com os titulares das nossas EPSs. Pela manhã, antes de começar o expediente, fazíamos uma troca de ideias sobre o nosso comportamento, cada qual dando a sua opinião. Lá pelas tantas, até contratei uma professora para nos dar aula de inglês. Guardo dos meus subordinados e dos agentes as melhores recordações.

Da esposa de nosso agente de Caçapava do Sul, Nélio Silveira Alves, por exemplo, recebi em 23 de maio de 1977 a seguinte carta:

Prezado Sr. Giacobbo,

Recebi sua mensagem por ocasião do meu aniversário e falei ao Nélio que gostaria de respondê-la pessoalmente. Isto, porque a gente, através dela e de outras que o senhor nos tem remetido, sabemos que não é apenas uma incumbência comercial que o senhor cumpre. É muito mais. É algo que vem do seu coração e da simpatia e do calor humano que irradia. Agradeço à sua querida esposa, e fique certo de que ficamos muito reconhecidos por todas as atenções, como jamais esqueceremos que nos piores momentos de nossas vidas o senhor e sua equipe estiveram conosco.

Talvez por tudo isso sentimos que a Crefisul é uma grande família.

É com orgulho que vejo meu marido pertencer a ela e ser considerado por todos pela pessoa autentica e honesta que é.

Creia no nosso agradecimento por gestos tão bonitos como esse e conte conosco.

Com admiração,

Maria Augusta Silveira Neves

De um de meus funcionários, recebi uma carta no dia de meu aniversário, em 16 de julho de 1982:

Dr. Luiz A. Giacobbo,

Muitas vezes a posição que ocupamos na sociedade afasta-nos do convívio de pessoas mais simples e impõe-nos um círculo de relacionamentos onde mesmo em momentos de lazer e descontração surpreendemo-nos competindo.

Muitos se deixam envolver tão profundamente que perdem o senso de proporção. A ponto de sua personalidade esvaziar-se em cópias fúteis e tentativas vãs de ser o que não é.

Sobre isso falávamos, a Dilce e eu, outro dia, e encontramos no senhor as qualidades e o discernimento suficientes para ser e ter a importância certa na medida exata do que lhe é exigido pelo seu meio.

E, hoje, orgulhosos de podermos conviver consigo por suas qualidades natas, queremos cumprimentá-lo pelo seu aniversário, desejando que continue merecendo o respeito e o reconhecimento de todos os seus amigos.

Receba um forte abraço dos amigos,

Dilce e Lauro Casagrande

Demonstrações como estas e outras tantas revelam a forma como eu convivia com meus subordinados.

| 147 |

Em 11 de março de 1983, recebi a seguinte carta do Sr. Alan S. MacDonald, membro do Comitê Executivo do Banco:

To Mr. L. Giacobbo.

Warmest congratulations to you and your team for the 1982 results of the Region Sul. The overall results of the finance Company were excellent and your region was clearly the most successful.
Keep up the good work in 1983.

Alan S. MacDonald

Como visto, os resultados da minha região suplantaram os resultados das regiões centro e norte.

Em dezembro de 1983, presidi a última convenção anual dos Agentes da Regional em Laguna, Santa Catarina. Compus um opúsculo, contando sucintamente a história de cada um deles, com o seguinte prefácio:

É pena se a história do Crefisul não for um dia contada. E com ela as histórias que cercaram a escolha dos primeiros Agentes do Interior, que formaram o embrião de uma rede, hoje nacional, de mais de trezentos colaboradores. E que, amanhã ou depois, pode ser de quinhentos, mil ou mais, conforme se processar o desenvolvimento dos negócios do Grupo.

Pena, porque a vida das pessoas ou das organizações não se resume apenas a números ou lances notáveis. Ela se constitui, sobretudo, daqueles fatos cotidianos, que formam a sua textura e que, decorridos os anos, a gente recorda com saudade. E chega à conclusão de que, apesar de tudo o que possa ter acontecido, foi bom ter vivido.

Se alguém não se lançar a esta tarefa, o tempo, que tudo apaga e tudo esquece, inexoravelmente, vai rolar. E levar para o olvido pessoas e acontecimentos, impedindo os nossos sucessores de saber exatamente como tudo começou. Ou como tudo acabou, se por acaso eles não tiverem a raça e a audácia de passar às gerações futuras a bandeira dos pioneiros.

Quem sabe estes ligeiros traços biográficos de nossos "Destaques 83" na Regional Sul não são o começo dessa empreitada?

É possível, se, para tanto, como dizia o famoso poeta lusitano, não faltar engenho e arte.

Luiz A.M. Giacobbo
Outubro de 1983

Voltando à vida particular, em 1984, já morando no Edifício Itaipu, na Rua Luciana de Abreu, realizamos na companhia de um casal amigo nossa segunda viagem ao exterior. Uma viagem maravilhosa! De carro, circulamos por toda a Europa.

Em 1983 tínhamos festejado o casamento do João Batista, nosso único filho homem, que trabalhara como agente autônomo do Crefisul em Porto Alegre, e foi mais tarde transferido como funcionário do Crefisul em São Paulo. Dos meus filhos foi o que se casou em melhores condições, indo morar num apartamento de cobertura de sua propriedade. Um casamento que, infelizmente, durou pouco.

Em 1985, em comemoração aos 25 anos de fundação do Crefisul, foi oficiada uma missa nas sedes das Regionais. Em Porto Alegre, para celebrar a nossa missa, convidei meu particular amigo Monsenhor Augusto Dalvit.

No fim desse ano a nossa convenção foi realizada em Gramado e, para minha surpresa, coordenada pela diretoria de marketing de São Paulo. Algo estava acontecendo.

No início de 1986 recebi a visita do nosso advogado, Dr. Álvaro Castro, informando-me de que as coisas não iam bem e que Porto Alegre não comportava mais um diretor do meu gabarito, acenando com a minha transferência para São Paulo, mas não como diretor. Aleguei que, enraizado como estava em

Porto Alegre, não tinha interesse na transferência. A alternativa era a minha demissão. E assim foi. O banco me adiantou um ano de salário e quitou a dívida do meu *big* apartamento junto à Caixa Econômica Federal. Fui substituído provisoriamente por um de meus ex-auxiliares, mas a substituição não durou. Passado pouco tempo, ao invés de uma filial, o banco manteve, também por pouco tempo, uma loja, gerenciada por uma funcionária de somenos importância.

O gigante estava dando sinais de cansaço. Ficava por ali uma dedicação de 22 dois anos, consignada na minha surrada Carteira do Trabalho: entrada, 1º de abril de 1964; saída: 1º de maio de 1986.

Quando fui desligado do Crefisul, os agentes autônomos da minha Regional, reunidos em Porto Alegre, me prestaram uma homenagem. Na ocasião, já eles também desligados do Crefisul, entendemos de criar uma empresa intermediadora de financiamentos, sobretudo para os clientes do interior, a Intercrefi, instalada num dos andares do Edifício Blumberg, na Rua Sete de Setembro, esquina com a Travessa Leonardo Truda, onde, saído do Banco de Expansão, havia instalado a minha empresa de representações e em cuja rua, coincidentemente, havia começado o Crefisul. Entretanto, a falta de uma financeira própria, com o tempo, inviabilizou o nosso projeto.

O Crefisul aos poucos foi deixando de ser o que era. Soube, tempos mais tarde, que o nome teria sido vendido para um comerciante árabe de São Paulo, que acabou não se utilizando dele.

-14-
DONO DO MEU NARIZ

Em uma de minhas incursões pela imprensa, escrevi certa feita um artigo intitulado "Menores de quarenta anos", onde falava da dificuldade de pessoas conseguirem emprego a partir dessa idade.

Durante os meus vinte e dois anos de Banco Crefisul, não me faltaram convites, e não apenas de empresas concorrentes. Ao que entendi, admiradores do meu trabalho. Eu agora fazia jus ao meu artigo: não recebi um convite de quem quer que fosse. Verdade seja dita, com uma única exceção: durante o tempo em que funcionou a Intercrefi, além de nossa incursão na área financeira, nossos agentes passaram a incursionar em outras áreas de negócio, entre elas a venda dos produtos de beleza Marta Rocha, lançados no mercado pela titular do produto através do Dr. Rolf Zelmanowicz, fundador da APLUB e ex-proprietário de uma financeira. Sabedor da quase extinção da Intercrefi, ele me convidou para deslanchar a venda dos cosméticos em âmbito nacional. Tornei-me diretor da empresa e lancei os produtos, com grande sucesso, através de vendedores em São Paulo, Rio de Janeiro e Recife. Inclusive a Eunice, minha esposa, deu aulas a vendedoras em Porto Alegre.

Infelizmente, um desentendimento entre os proprietários do produto acarretou mais tarde a sua extinção. Com isso, joguei a peteca para cima e resolvi ser dono do meu nariz.

Antes, porém, festejamos o casamento de nossa filha caçula Daniela, já diplomada em advocacia pela PUC, com o jovem engenheiro Flavio Dahlen da Rosa. Nessa época também eu já me havia mudado para o Edifício Palácio Versailles, na Rua Santo Ignácio. O casamento religioso foi celebrado na Igreja São Manoel, sendo celebrante o meu particular amigo Pe. Florindo Siman. A solenidade civil ocorreu no Country Clube, com a presença, entre outros, de nossos representantes dos produtos Marta Rocha do Recife.

Cumprido esse último compromisso familiar, dei um novo rumo à minha vida. Montei, inicialmente, a Organizações LG Planejamento e Assessoria Financeira Ltda., e posteriormente, a LG Turismo e Representações Ltda., levando para trabalhar comigo meu filho João Batista, que, com a minha saída do Banco Crefisul, saiu também, voltando a residir em Porto Alegre.

Nesse ínterim, em 1994, residindo ainda no apartamento do Palácio Versailles, da Rua Santo Ignácio, realizamos nossa última viagem à Europa. Cruzamos o continente de trem, margeando o Rio Reno.

Casados todos os filhos, restando do clã familiar minha mulher e eu, resolvi novamente me mudar. O apartamento era ótimo, mas a Eunice não dirigia. Enquanto eu estava no escritório e ela precisava sair, por qualquer razão, sobretudo para tratar de suas pinturas, fazia um trecho a pé para tomar condução na Rua Mostardeiro. Numa dessas idas, foi assaltada. Ficou o trauma. O apartamento era ótimo, dele se divisava um belo panorama. Mas a solução foi outra mudança. Antes disso, lamentavelmente, houve a separação da nossa filha Daniela, sobrando para nós, minha mulher e eu, o apoio à criação e educação de seus dois filhos gêmeos, com um ano de idade.

Guardo até hoje longas e belas lembranças daquele tempo. Procurei um apartamento que facilitasse a nossa vida, principalmente a da Eunice. Ao lado do meu escritório, na Rua

Mostardeiro, estava localizado o Edifício Acrópole, que certa feita eu havia visitado, quando procurava um apartamento para a minha filha. E que, por coincidência também, fora construído pela Eimol, uma empresa do Grupo Crefisul. Escolhemos um apartamento no oitavo andar, com uma bela vista, de onde se divisava até o Rio Guaíba. Fechamos o negócio em 13 de novembro de 1999. Vendido o apartamento da Santo Ignácio e feitas as modificações necessárias, nos mudamos. Estavam facilitadas as andanças da minha companheira e as minhas também

Em dezembro, festejamos e celebramos na Igreja São Manoel os nossos cinquenta anos de casamento. E continuamos dando as nossas palestras nos Encontros de Casais com Cristo, na nossa Igreja.

***

Nossa vida familiar e matrimonial corria às mil maravilhas, e os negócios também. Sempre que eu me atrasava um pouco no escritório a Eunice me chamava pelo telefone: "Paiê!" Infelizmente, coitadinha, um dia ela não me ligou mais. Ao tentar trocar de roupa, sofreu, repentinamente, um derrame cerebral. E imediatamente perdeu os sentidos. Levada às pressas para o Hospital Moinhos de Vento, não acordou mais, vindo a falecer, dias depois, em 12 de outubro de 2003, dia de Nossa Senhora Aparecida, de quem era devota.

Terminava para mim, nesse triste instante, uma paixão de meio século.

Quando a conheci, ela era quase uma menina, filha única de pais um pouco alheios, pelo fato de ambos trabalharem fora de casa, não tendo tempo para dedicar à filha. A mãe era funcionária de dois turnos no Sindicato do Comércio Varejista e o pai bancário e líder sindical, preferencialmente às voltas com os problemas da classe. Eu me tornei, assim, marido, amante e pai. Entusiasmei-a, com os filhos já criados e formados, a retomar os estudos. Advogada, trocou, com todo o meu apoio e encorajamento, a profissão pelas artes plásticas, onde atuou com grande sucesso, inclusive no exterior.

Sinceramente, nunca esperei, sobretudo pela diferença de idade, que ela partisse deste mundo antes de mim. Mas ela parecia prever o desenlace. Certa feita, fez uma lista de sete de suas amigas, para que, quando morresse, eu escolhesse uma delas. Naturalmente, sabia que nenhuma delas era do meu gosto.

-15-
A MORTE INESPERADA

A morte inesperada da Eunice deixou em mim um enorme vazio. Além de esposa, ela foi sempre minha amiga e conselheira. Embora ela confiasse, todos meus passos e decisões eu repartia com ela. Guardo comigo até hoje, e vão ficar com meus filhos, as inúmeras condolências e manifestações de pesar que recebi. Pelo seu agir e modo de ser, ela sempre soube granjear amigos. Desnecessário consignar nestas memórias o vácuo que se abriu em minha vida com a morte de minha mulher.

Decorridas duas semanas, com a ferida ainda aberta, me vali do *Jornal do Comércio*, do qual era assíduo colaborador desde os tempos da minha coluna semanal, e mandei minha última mensagem:

Que nem a morte nos separe

Cerca de cinco anos atrás, neste mesmo jornal, a propósito de um acontecimento envolvendo minha mulher, escrevi um artigo com este mesmo título: "Que nem a morte nos separe". Uma afirmação quiçá pretensiosa. Mas embasada em mais de meio século de união matrimonial. Agora minha mulher partiu, sem me abraçar nem se despedir. Um balbucio apenas, quase inconsciente. Desta vez não volta mais.

Como no artigo anterior, eu me pergunto: por que me expor, assim, de público, através de um jornal? Por que uma mulher, uma companheira como foi a minha, e há de existir tantas iguais a ela, é um tesouro. Descoberto, nunca se deveria perder. Ela foi minha filha. A conheci quando tinha quinze anos. Mas foi, sobretudo, minha esposa. Companheira de todas as horas. Enxugou-me as lágrimas. Comigo subiu ao Monte Tabor, para viver as alegrias da sublimação. Acompanhou-me ao Horto das Oliveiras para comigo beber o amargo cálice dos revezes da vida. Mas, pelo amor que nos unia, delicada como era, Deus quis poupá-la da dor da despedida, preferindo, com razão, que eu concluísse nossa missão terrestre, carregando até o fim a cruz pesada da separação. Que me levará um dia, não sei quando, à Sexta-Feira da Paixão. Mas, depois dela, ao Domingo da Ressurreição.

Nós não nascemos para morrer, como comumente se pensa. Nós nascemos para ressuscitar. Com Deus e em Deus. Se Cristo não tivesse ressuscitado, disse o Apóstolo Paulo, vã seria a nossa fé. Se eu não ressuscitar com ela, vã terá sido a nossa união terrestre. Tenho certeza, não é este o propósito divino. "Não separe o homem a quem Deus uniu..." Haja o que houver, Ele terá que cumprir a sua palavra. Nós cumprimos a nossa. Nos amamos até à morte. A sexta-feira pode ser longa. De dor, tristeza, solidão, saudade. Mas, tenho certeza, ela estará me esperando de braços abertos num domingo de Páscoa qualquer. Pois, sempre repetiu comigo, "nem a morte nos separa". Escreveu alguém e eu subscrevo: "Fui muito feliz em seus braços. Cada um de seus sorrisos movia o céu. De agora em diante, onde encontrarei uma janela luminosa?"

Mas ela era um pássaro, feito para os grandes espaços. Não podia mantê-la prisioneira. Presa à gaiola do meu coração.

O acontecimento a que acima me referi foi a vinda do Papa João Paulo II a Porto Alegre, em 5 de julho de 1980, e a linda Missa Campal ocorrida. Como presidente, então, da Associação de Dirigentes Cristãos de Empresas do Rio Grande do

Sul, recebi o convite para assistir à missa e comungar. Minha surpresa foi quando, apesar do convite, a tomada da comunhão era individual. Surpreso, agradeci e declinei do convite, declarando que sem a minha esposa não entraria nem no céu. O fato deu origem ao artigo citado.

A propósito, à época, a pedido de Dom Antônio do Carmo Cheuiche, tivemos a honra de alojar em minha residência o então Bispo de Melo, Uruguai, Dom Roberto Cáceres, que antes de seu retorno oficiou missa a meu pedido na então minha paróquia, a Igreja de São Pedro.

***

Os primeiros tempos de viuvez foram difíceis. A primeira providência foi dispensar a empregada, para quem eu precisava abrir a porta de manhã cedo, quando não tinha nem vontade de me levantar. Eu queria mesmo era ficar sozinho. Adoeci certo dia, e tive de chamar, altas horas da noite, a Eco Salva. Passei no início a comer fora. Mas, com o correr do tempo, aprendi a cozinhar quando não queria sair, a lavar minha roupa e manter a casa limpa. A lista das possíveis pretendentes, esta ficou na aspiração da coitadinha.

Após viver mais de meio século uma vida feliz, sob todos os aspectos, com uma companheira, quando ela morre você acha que a vida terminou. Foi-se o encanto, o amor, a amizade, a felicidade. Tudo, enfim. Por algum tempo você mergulha fundo na tristeza, na depressão, na saudade. Faz juras pessoais, e até mesmo públicas, de amor eterno. Deseja, como a grande Tereza de Ávila, "morrer por não morrer".

Com o passar dos dias, porém, para alguns muitos, para outros nem tanto, você chega à lógica conclusão de que não morreu como queria. Quer queira, quer não, a vida continua. O sol prossegue se levantando todas as manhãs e você, obrigatoriamente, com ele, pois não pode continuar dormindo indefinidamente, sonhando com o passado. Os problemas precisam ser resolvidos, o sistema de vida alterado, os compromissos cumpridos. Você é e não é a mesma pessoa. Tem profundas ligações com o passado, mas também obrigações inadiáveis com o futuro.

E, então, de repente, você se pergunta: continuo a mesma pessoa, fiel a quanto disse, preguei, escrevi? Ou sou uma outra pessoa, acordada para uma nova realidade, para uma vida nova, independentemente de tudo quanto falei, preguei, escrevi? Devo me entregar, morrer ou continuar vivendo?

Você precisa ser sincero. Honesto. Transparente. Como sempre foi. Não é nenhum senhor do destino. Você é um personagem a mais, talvez insignificante, participando da novela da vida. Não depende de IBOPE. Não precisa dar satisfação a ninguém. Nem precisa obedecer a papel algum, ardentemente escolhido para você.

Você é e deve continuar sendo você mesmo. Fiel a seus princípios. Às suas convicções, cívicas, morais e religiosas. Tudo quanto disse e pregou estava inserido dentro de um outro contexto. Alterado contra a sua vontade. Por desígnio de Deus. Só a Ele e a você mesmo deve explicações. Em decorrência, precisa continuar gostando da vida. Amando a vida como sempre amou. Independentemente de quem e do que quer que seja. Embora não pareça para alguns, você no fundo é a mesma pessoa. Sem dívidas amorosas ou sentimentais. Mas com **crédito**.

Lá pelas tantas transferi minha empresa a meu filho e sócio; que, inclusive, tempos depois, mudou o escritório de endereço. Ensaiei a confecção de um livro intitulado *Falando com ela*, onde externava a dor e a tristeza pela qual estava passando. Foi doloroso manter a chaga aberta. O tempo, entretanto, que é senhor da razão, é que deveria se encarregar de mantê-la assim. Cheguei muitas vezes ao limite de morrer por não morrer.

Pensei em retomar os estudos, com vistas a tentar a vida sacerdotal. No que fui dissuadido pelo meu amigo, Padre Florindo Ciman. Por intercessão de Dom Antônio do Carmo Cheuiche, voltei a ser Ministro da Eucaristia, distribuindo por algum tempo a comunhão no Hospital Moinhos de Vento. Só o tempo poderia me trazer à realidade. Como afinal acabou me trazendo, em decorrência de uma antiga aspiração da minha falecida companheira.

Devota como se tornara ao fim da vida, ela aspirava frequentar diariamente a Santa Missa. O que não era possível enquanto eu ainda trabalhava. Morta, entendi de cumprir sozinho o seu desejo. Além de atender à sua aspiração, eu precisava fechar uma lacuna que se abrira em minha vida, já que terminara com qualquer compromisso de trabalho. Deus, como gosto e costumo dizer, sempre tem uma ideia melhor. Ao procurar atender à vontade da minha falecida companheira, Ele entendeu de, com o correr do tempo, cicatrizar a chaga que se abrira em minha vida e que entendi de chamar de "Instrumento de Deus":

> Todos neste mundo, embora muitas vezes não acreditemos, somos instrumentos nas mãos de Deus. Ele se vale de nós para atingir seus desígnios. Para fazer as coisas acontecerem, os fatos se sucederem. Ele se vale de nós, homens, criaturas suas, e não de anjos ou milagres, por exemplo. (Particularmente, não consigo acreditar em milagres. Pois, que seria do valor e da beleza da fé, e da felicidade dela decorrente, se fruto de um milagre, de uma aparição sobre-humana?) "Tu creste, Tomé, porque viste. Felizes os que não veem e creem", disse Jesus.

> Após o falecimento de minha querida e fiel companheira de mais de meio século, entre os caminhos buscados para compensar e superar minha dor, havia um há muito acalentado, sempre protelado: a assistência diária à Santa Missa. Através dela, pensei, alimentaria a minha fé e encontraria a paz, a felicidade, a alegria. O amor aparentemente perdido para sempre. Após peregrinar por algumas igrejas, fixei-me numa que me recordava momentos felizes. Passados alguns meses, porém, começou a me voltar a nostalgia. A tristeza. Pessoas piedosas, algumas idosas, recitavam ocasionalmente o terço de uma forma monótona, maquinal e espichada. De permeio, dentro do "Salve Rainha", o lúgubre "Vale de Lágrimas". (A

terra é um vale de vinhedos, o Éden plantado por Deus, não um Vale de Lágrimas!) Pior, ainda, o "livrai-me do fogo do inferno". Eu viera para reencontrar o céu em que havia vivido, procurando esquecer o inferno, em que havia padecido. Estava a ponto de me mudar de igreja, quando me deparei com uma devota diferente das outras, pela sua quase juventude, seus olhos faiscantes, seu sorriso aberto e cativante. Era uma "*primus inter pares*".

Lembrei-me, então, de que pode haver, não apenas certeza do céu, mas também beleza, alegria e felicidade na fé que buscamos. E, finalmente, encontramos. Ela era um instrumento de Deus, para eu não voltar a cair na nostalgia, na saudade do paraíso perdido. Foi o que certo dia lhe disse. E até hoje continuo a repetir. Há muitos caminhos para se reencontrar a fé, e, através dela, a felicidade. O mais bonito e mais seguro, no entanto, continua sendo o amor.

Vez por outra a devota vinha até meu banco e me pedia para eu ler um trecho das orações da missa. Naturalmente eu aceitava, não sem antes deixar de pegar a sua mão. Até que um dia lhe perguntei se não queria sair comigo. Ir a um cinema, por exemplo, quando duraria o aperto de mão. Ela havia me informado de que era divorciada, e eu dito que era viúvo.

Com o correr do tempo, a amizade e as confidências foram se aprofundando. Após um namoro prolongado, com o conhecimento tanto da parte de seus quatro filhos, Norton, Marcos, Ana e Fernando, como dos meus, um dia lhe perguntei se não queria se casar comigo. O namoro e a convivência estavam se prolongando demais. Ela aceitou a proposta. A ousadia não foi fácil. De ambas as partes. Ela precisava dar satisfação a seus filhos e eu aos meus. Embora fôssemos ambos donos de nossos sentimentos, o que nem sempre é facilmente entendido pelos filhos. Sobretudo no meu caso, que havia exposto através da imprensa a minha viuvez e o meu amor à falecida.

No dia 7 de julho de 2006, Maria do Carmo Both, divorciada, e eu, viúvo, selamos em cartório o nosso casamento, com o apadrinhamento de duas companheiras de sua parte, a Ligia e a Nara, e, de minha parte, minha filha Maria Cristina. Um casamento de amor e compreensão recíprocos, que dura até hoje, enquanto escrevo estas minhas memórias. A escolha não recaiu em nenhuma das sete candidatas sugeridas pela minha falecida companheira de meio século. Não era o que ela sugerira, mas o que Deus achou que eu merecia. E que ela, lá do céu, onde se encontra, aprovou, tenho certeza.

Algum tempo depois, o que não havia ocorrido antes, passamos a morar juntos. Até hoje. Satisfazendo o desejo da minha falecida companheira, passei a participar com mais frequência das missas na Paróquia São Pedro, quando ela vez por outra é leitora e eu cantor. Com o tempo, ingressei no Apostolado da Oração, de que fui presidente. Juntei minha fita azul de Congregado Mariano dos meus velhos tempos de Seminário, à fita vermelha de agora.

Como comprovação da aceitação do meu casamento, que espero seja da parte de nossos filhos, no dia dos pais de 2008, recebi da Ana Cristina uma mensagem, que guardo até hoje:

Querido doutor (como ela costuma me chamar),

Neste mundo de tantas dificuldades, encontrar pessoas dignas de respeito é algo quase impossível. Mas esta luz brilhou em meu caminho. Eu, que ainda busco exemplos, encontrei você. Descobri também que ser pai ou mãe não é simplesmente fecundar alguém, mas principalmente participar da vida de quem se ama. Por isso, vejo em você um grande exemplo de pai, que não precisou me gerar para me amar tanto. Neste dia, quando os filhos buscam palavras para expressar o seu amor e gratidão aos pais, eu busco demonstrar em forma de poesia, que você é muito querido. Que diariamente me ensina a ser um ser humano melhor e mais generoso. Através dos teus exemplos, tenho entendido que vale a pena ser uma pessoa honesta e que a dignidade é um dom, uma dádiva concedida àqueles que a buscam. Você é a fonte de minhas respostas para as grandes dúvidas que eu tinha. A luz para a minha vida, para o meu caminho, pois eu te elegi meu segundo pai. Feliz dia dos pais.

Tua filha emprestada, Ana Both

Difícil ocultar em minhas memórias tão bela e espontânea manifestação.

Ao final, cabe uma pergunta: se você foi tão feliz no seu casamento, por que arriscar de novo? Sexo? Se for, não é preciso arriscar o que deu certo. Viúvo na praça é mercadoria logo, logo, procurada. Naturalmente, para festinhas e encontros eventuais. Após a morte da minha querida companheira, cansei de receber convites para comparecer a tais encontros. Rejeitei, naturalmente, todos eles.

Para mim, o casamento foi e continua sendo um sacramento, através do qual se busca a felicidade, com a bênção de Deus. O que está acontecendo com o meu até hoje, enquanto escrevo estas minhas memórias.

-16-
Católico praticante e participante

ECC - Encontro de Casais com Cristo

Enquanto moramos na Avenida Bastian, frequentamos a Paróquia Nossa Senhora de Lourdes. Uma igreja, diga-se de passagem, bonita e acolhedora, sendo que em um de seus altares havia um afresco do grande e saudoso pintor Aldo Locatelli.

Com o correr do tempo, nos tornamos amigos do vigário, Pe. Eugênio. Seguidamente ele vinha lá em casa desabafar os seus problemas. A ponto de, quando se demorava demais, minha mulher botar uma vassoura atrás da porta.

Lá pelas tantas, com a aquiescência do arcebispo metropolitano, Dom Vicente Scherer, ele nos fez Ministros da Eucaristia: eu e o Paulo Renato Ketzer de Souza, fundador e proprietário da empresa Parks, fomos os dois primeiros ministros da arquidiocese, mais merecedor da honraria o Paulo Renato, que possuía uma capela em sua empresa.

Aos domingos, a igreja regurgitava de fieis. Quando do trágico falecimento de um nosso companheiro do Lions, o Werner Moeler, redigi leituras especiais para a missa, que terminava com a música tocada pela orquestra do Titanic, quando do seu afundamento: "Mais junto a Ti, Senhor, oh Pai do Céu..." A igreja inteira chorou.

Em determinado momento, o Padre Eugênio entendeu de trazer para Porto Alegre o movimento "Encontro de Casais com Cristo" — o ECC. Reuniu um grupo pequeno, que incluía minha mulher e eu, e nos mandou a São Paulo fazer o encontro e em seguida trazê-lo para Porto Alegre.

Tratava-se de um encontro *sui generis*. Os casais, sempre juntos, de braços dados, caminhavam pelo salão cantando, com intervalo para ouvir depoimentos de vida de alguns deles atentamente escolhidos. Havia um casal que comandava os demais, e o encontro se encerrava com um baile dos casais. Em São Paulo, nos hospedamos na casa de um casal encontrista. No baile de encerramento, antes de dançar comigo, Eunice dançou com o Padre Eugênio, principal incentivador do movimento no Rio Grande do Sul. Para se ter uma ideia da importância desse encontro, no prefácio de seu livro sobre o assunto o Pe. Chuck Gallagher S.J. escreve o seguinte:

> Mais ou menos na mesma época surgiu o movimento, "Encontro de Casais com Cristo", de maneira humilde, não oficial. O Encontro se realizava em casas de retiro, em motéis, em colônias de férias e em velhos noviciados. Agora, sete anos depois, o Encontro já está se tornando uma das experiências mais conhecidas em todo o mundo. Enquanto escrevo este livro 200.000 casais, só nos Estados Unidos, já fizeram o Encontro de Casais, sem contar os milhares de outros em todo o mundo. Do Canadá à Índia, da Austrália à Bélgica, da Irlanda ao México, da Inglaterra ao Japão.

Na nossa volta a Porto Alegre, Eunice, eu e mais três casais, sendo o marido num deles general do Exército, compusemos o grupo de casais responsável pela realização do Encontro em diversas paróquias de Porto Alegre. Ao que recordo, realizamos com sucesso mais de uma dezena de encontros na Paróquia de Lourdes, afora os realizados em outras. O último de que participamos, antes do falecimento da Eunice, e em que demos o nosso depoimento de encerramento, foi na Paróquia São Manoel.

Deixada a modéstia de lado, nossas palestras eram muito apreciadas. Ao lado dos participantes vinham ouvi-las os coordenadores. Isso, porque eu sempre incluía uma brincadeira, como, por exemplo. "Um casal de idosos, discutindo sobre a morte. A velha, para ofender o marido, dizia: 'John, quando tu morreres eu vou mandar escrever *no teu* lápide a seguinte *inscrisson*: '*Here* jaz John, *turo, turo* como nunca foi'. Ao que John respondia: 'E tu, Mary, quando tu morrer, vou mandar escrever *no teu* lápide a seguinte *inscrisson*: '*Here* jaz Mary, fria, fria como sempre foi'". Embora se tratasse de um encontro religioso, era um momento de descontração para quem estivera concentrado em temas sérios e religiosos. Contava-se — também a título de brincadeira, naturalmente — que no dia seguinte ao do encontro, quando a esposa desceu para o café da manhã, encontrou o marido lanchando ajoelhado. Ao que ela disse:

"O que é isso. Agora virou beato?"

"Não", disse o marido. "É que aquela gente falou tanto que fiquei com calos na bunda".

Com o tempo, nos desligamos desse movimento, passando a participar da ADCE — Associação de Dirigentes Cristãos de Empresa.

ADCE - Associação de Dirigentes Cristãos de Empresa

Em seu livro *A ADCE e o BRASIL — História de um ideal*, no primeiro capítulo sobre as raízes da Uniapac, origem da ADCE, o autor Hernani Donato consigna o seguinte

Uniapac - Ideal nascido da guerra

A primeira guerra mundial levara desgraça, miséria, morte e principalmente desemprego por quase toda a Europa. A Bélgica de modo particular fora assolada por todos os males consequentes de conflito de tamanha magnitude. O sofrimento coletivo fizera-se visto e sentido. Gravava ainda mais fundamente a classe trabalhadora.

Tal situação comoveu parcela do empresariado que, a despeito das dificuldades, decidiu ocupar-se com os padecimentos dos operários. Tratava-se dos dirigentes que, por sua ligação com os organismos assistenciais da Igreja, haviam sido sensibilizados pelos princípios expostos na encíclica "Rerum Novarum". Organizaram-se e orientaram-se no sentido de minorar os males do tempo de guerra e de amenizar as severas condições impostas aos trabalhadores, mesmo em dias de paz.

Findo o conflito, não se desmobilizaram. Grupos similares surgiram na França, logo mais na Itália. E, seguidamente, em outras nações traumatizadas pela guerra e pelas limitações que a mesma legara à sociedade; como em todo o operariado em particular. Esses núcleos conheceram-se, aproximaram-se, harmonizaram o modo de se organizar e de agir. Naturalmente, cresceu entre eles o interesse pela união continental.

Essa congregação de esforços ocorreu em 1931, ano de publicação da encíclica "Quadragésimo Ano", do Papa Pio XI. Reunidos em Roma, belgas, franceses e italianos auspiciaram a criação da UNIAPAC — Union Internationale Chrétienne de Dirigeants d'Entreprise —, com sede em Bruxelas.

Prontamente aderiram e criaram entidades nacionais os empresários espanhóis e tchecoslovacos.

Pouco a pouco, a UNIAPAC desbordou do continente, incentivando a formação de associações nacionais e regionais. Chegou à América em 1948, com a adesão de dirigentes chilenos. Quatro anos mais tarde, 1952, foi a vez dos uruguaios obterem filiação. Em 1953, os argentinos. Na direção do leste, incorporaram-se associações de filipinos e de Hong-Kong. Na África, as da Costa do Marfim, do Senegal e Zaire.

ADCE/ RS - Uma mensagem a Garcia

Na última década do século vinte, irrompeu em Cuba uma rebelião contra o reino da Espanha, chefiada pelo lendário José Martín, com vistas à independência da ilha. Além de

Martín, três outros generais encabeçaram a insurreição, entre os quais Calixto Garcia Iñiguez. Tomando parte na briga contra o governo espanhol, os EUA se uniram aos cubanos. Precisavam, no entanto, de um contato urgente com os insurretos, e o presidente William McKinley procurou quem pudesse levar uma mensagem a Garcia, escondido nas selvas cubanas. Impossível comunicar-se com ele pelo correio ou por telégrafo, mas o presidente precisava assegurar-se de sua colaboração. O que fazer? Foi quando alguém lembrou: "Há um homem chamado Rowan, e se alguém é capaz de encontrar Garcia, há de ser ele". Trazido à presença do presidente, Rowan pegou a mensagem e se encarregou da missão. Não sabia quem era Garcia nem qual o seu papel na revolução cubana, ou onde encontrá-lo. De posse da mensagem, meteu-a num envelope, amarrou-a ao peito e, após quatro dias, saltou de um barco nas costas de Cuba. Embrenhou-se na selva, atravessou um país hostil e entregou a mensagem a Garcia, e os espanhóis foram derrotados.

Com base nesse episódio, Elbert Hubbard produziu uma historinha que, na época, foi distribuída aos milhões nos EUA, traduzida para diversos idiomas europeus e entregue aos soldados no *front* da guerra russo-japonesa.

Ao longo de nossas vidas, muitas vezes somos chamados a levar uma "Mensagem a Garcia". No entanto, nem sempre procedemos como Rowan. O mais normal é perguntarmos: "Por que eu? Quem é esse tal de Garcia? Não conheço o conteúdo da mensagem e ignoro a sua finalidade. Não tenho tempo para isso. Sou muito ocupado. Não vou me meter numa empreitada da qual talvez não saiba como sair, arriscando fracassar na missão. Estou fora! Que escolham outro. Afinal, há pessoas com mais tempo e maior competência".

No Brasil, exatamente em São Paulo, em 1961, alguns jovens empresários se reuniram com a intenção bem definida de estudar a Doutrina Social da Igreja e difundi-la no meio empresarial. A Doutrina se espalhou pelos principais estados, entre os quais o Rio Grande do Sul, que logo se filiou à Uniapac. Filiaram-se inicialmente à ADCE pessoas de destaque, como o governador Paulo Egídio Martins, seu secretário de economia Nelson Gomes Teixeira, e o futuro Ministro do Trabalho Murilo Macedo. No Rio Grande do Sul, a Uniapac foi oficialmente fundada em 31 de outubro de 1963, quando estiveram presentes associados de São Paulo, acompanhados pelo Pe. Eugênio Charboneau. Na ocasião, foi eleita a primeira diretoria, tendo como presidente o engenheiro Joaquim de Mello Pedreira, como vices Marcelo Casado de Azevedo e Benno Plentz, 1º tesoureiro Claudio Augusto Luce, 1º secretário Carlos Guilherme Luce. E associados Generino José Tondo, Archimimo Magnus de Souza e Walter José Becker.

Não se tem arquivo dessa primeira fase da ADCE no Rio Grande do Sul.

∗∗∗

Em determinado dia do primeiro semestre de 1979, recebi um inusitado convite do Padre Florindo Ciman, para um almoço no restaurante do Plazinha. Como é do meu hábito, à hora aprazada eu já estava lá, quando o Padre chegou acompanhado de duas outras pessoas que eu nunca tinha visto. O padre eu conhecia do Cursilho da Cristandade; os acompanhantes, que fiquei conhecendo naquele dia, eram o Dr. Carlos Guilherme Luce e o senhor Silvino Zanette.

A finalidade do encontro foi logo esclarecida. Vinham me convidar para entregar uma "Mensagem a Garcia", isto é, para eu ser presidente de uma tal Associação de Dirigentes Cristãos de Empresa. Apesar de ser ex-seminarista, ex-cursilhista, coimplantador dos Encontros de Casais com Cristo em Porto Alegre, não muito versado na Doutrina Social Cristã, embora conhecedor das Encíclicas Papais, o convite me surpreendeu. Há cinco anos eu mantinha uma coluna semanal no *Jornal do Comércio*, intitulada "Sempre as sextas-feiras", na qual abordava temas sobre a família e, em última análise, sobre Deus. Além do mais, meus afazeres eram grandes e de responsabilidade, como diretor do Grupo Crefisul para os Estados do Rio Grande do Sul, Santa Catarina e Paraná. A ADCE me era algo novo e totalmente desconhecido. Sinceramente, não me julguei no momento a pessoa indicada. Tempos depois, Carlos Luce me confessou que, de certa forma, ficara decepcionado com a minha escolha, pois esperava alguém mais jovem.

Aceito o convite, após alguma relutância, foi constituída a primeira diretoria, com os seguintes nomes: presidente Luiz A.M. Giacobbo; vices, Gilberto Pasqual do Valle, Carlos Guilherme Luce, Ivo Alexandre Rizzo, Antônio Carlos Smith e Luiz Carlos Mandelli; secretário Silvino Zanette; tesoureiro Derbi Bordin; e assessor doutrinário Pe. Florindo Ciman. As primeiras reuniões ocorreram no salão da Igreja da Pompeia, sendo secretariadas por uma funcionária da congregação. Visando a tornar a Associação independente, foi alugada uma sala na Rua Dr. Flores, 105/ 305. Nosso primeiro secretário profissional foi o jornalista Hélio Girafa, que acabou entrando na Justiça do Trabalho contra a Associação e substituído pelo meu antigo companheiro no Grupo Expansão, José de Abreu Fraga, à época desempregado. Fraga serviu à Associação até falecer.

Com a minha prática nos movimentos leonísticos e de Rotary Clube, ficaram estabelecidos o local e a periodicidade das reuniões: às quartas-feiras ao meio-dia, sendo que, inicialmente, na última quarta-feira a reunião seria à noite, e com as esposas. Para todas as reuniões havia um palestrante especialmente convidado. O primeiro almoço ocorreu no dia 7 de junho de 1979, com a presença de 56 empresários e de Dom Antônio do Carmo Cheuiche. Na oportunidade, foi entregue, além da programação do segundo semestre, o folheto "Um ideal de vida" e o Certificado de Comparência ao 1º Congresso Nacional ADCE Brasil/ Uniapac.

Entre outras reuniões ocorridas no semestre, no dia 5 de setembro de 1979 realizamos uma em homenagem à imprensa, para a qual convidei como palestrante, representando a ARI, o jornalista Antônio Carlos Ribeiro, presidente do Conselho Deliberativo, que havia conhecido nos meus tempos de Correio do

Povo e, depois, como presidente do Lions Clube. Ribeiro faleceu recentemente, enquanto eu escrevia estas linhas.

O ponto alto do ano seguinte, 1980, foi a coordenação, pela ADCE/ RS, do Congresso Latino Americano de Leigos, promovido pelo Celan, concomitantemente com a realização do 1º Congresso Regional da ADCE/ RS, e que teve larga repercussão na imprensa. A ele compareceram empresários de renome de São Paulo, Rio de Janeiro e de diversos países vizinhos, como Argentina, Colômbia, Chile e Peru. Do Chile veio a figura notável de Santiago Bruron, importante vitivinicultor à época e que, mais tarde, abraçou o sacerdócio. O conclave foi presidido pelo cardeal Dom Vicente Scherer, tendo comparecido também políticos e secretários de Estado, representando o governador e o prefeito.

Em 1980 ocorreram vários fatos marcantes na vida da ADCE/ RS, entre eles o comparecimento de uma caravana de adeceanos gaúchos ao II Congresso Nacional da ADCE/ Brasil, realizado em Ouro Preto, Minas Gerais; o congresso foi aberto pelo então vice-presidente Aureliano Chaves. Nesse ano ainda foi substituído o antigo *Boletim Informativo*, que eu idealizei e publiquei, pelo *O Empresário Cristão*, iniciado e publicado até hoje pelo companheiro Antônio D'Amico. Ainda nesse ano, em reunião da ADCE latino-americana, realizada em Buenos Aires, foi eleita a nova diretoria do comitê para a América Latina, na qual o Rio Grande do Sul passou a ser por mim representado.

Prosseguindo em seu roteiro de almoços semanais, o primeiro de 1981 foi realizado na Associação Comercial de Porto Alegre, hoje Federasul, com a participação do cardeal Dom Vicente Scherer e o propósito de marcar presença de uma entidade cristã nos meios empresariais leigos. Com igual propósito, uma outra reunião-almoço foi realizada na sede da FIERGS, então presidida pelo Sr. Sergio Schapke, presidente da Cia. Geral de Indústrias.

No final do exercício, com grande repercussão na mídia local e em estabelecimentos comerciais, lançamos a campanha "Acima de Tudo, Natal é Cristo". O selinho criado para essa campanha, decorridos mais de 30 anos, continua até hoje sendo veiculado pela imprensa local.

Em 1982, último ano de meu mandato como presidente, a pedido do cardeal Dom Vicente Scherer, já então provedor da Santa Casa de Misericórdia, angariamos fundos para a doação de um equipamento novo para a cozinha desse hospital. Em setembro desse mesmo ano, por força dos estatutos, passei o comando da ADCE/ RS para o então jovem empresário José Antônio Celia.

Anos mais tarde, em 1988, vale registrar, foi criada a figura do "Empresário Cristão do Ano", tendo sido escolhido e apresentado no almoço do dia 8 de dezembro, presidido pelo companheiro Antônio D'Amico, o então secretário da indústria e comércio do Estado, Gilberto Mossmann. Coube a mim a satisfação de saudá-lo. Por essas circunstâncias da vida, neste ano da graça de 2015, quando escrevo estas minhas memórias, foi escolhido Empresário Cristão do Ano, também merecidamente, o companheiro presidente de então. Infelizmente, por motivo de doença, não pude comparecer à missa nem ao jantar que lhe foi oferecido nas dependências da Igreja da Pompeia, onde começaram os nossos almoços e para onde voltamos, após um périplo por outros locais da cidade.

Mas, afinal, qual o sentido da figura "Empresário Cristão do Ano"? Pretendi dar a resposta através de alguns artigos da minha lavra, como este publicado na edição de 24/ 25 de dezembro de 2002 no *Jornal do Comércio*:

Empresário cristão do ano

Periodicamente, federações e associações de classe e veículos de comunicação costumam homenagear personalidades que, no ano, se destacaram nas diversas áreas de atividades econômicas, culturais, políticas, sociais. Os homenageados recebem troféus, são recepcionados em jantares e têm seus nomes e fotos publicados em jornais e revistas. Nada mais natural e elogiável. Todos, em qualquer ramo em que atuamos ou nível social em que nos encontramos, precisamos de referências, de paradigmas. Pessoas que, por seu trabalho, esforço, liderança, nos mostram como devemos proceder, trabalhar, progredir, vencer. Tal reconhecimento, além de tudo, é mérito, porque os agraciados não se candidataram à láurea. Ela lhes foi espontânea e criteriosamente conferida. Não se tratou de uma seleção ou de uma eleição com conotações políticas. Nela não influenciaram fatores outros que não a comprovação do mérito do agraciado. O destaque faz jus ao passado, à atuação, ao comportamento do destacado. Se amanhã ou depois ele deixar de ser líder, retirar-se de cena, sofrer até mesmo percalços em sua carreira, nada mais natural. Apesar disto, terá sido em determinado momento de sua vida, um paradigma. As circunstâncias terão conspirado contra ele, modificando o seu comportamento. O que não isenta de responsabilidade quem agraciou e quem foi agraciado. O ideal seria que um paradigma fosse sempre um paradigma.

Pois a ADCE — Associação de Dirigentes Cristãos de Empresas — vai para quinze anos e entendeu, também ela, de escolher dentre seus membros ou entre empreendedores que comungam de seus princípios, alguém nominado como "Empresário Cristão do Ano". Foi uma iniciativa de certo modo ousada. Isto porque, destacar alguém com esse nome, sem demérito a outros tipos de destaque, implica numa responsabilidade maior. Pois ser cristão não é, por certo, dizer-se alguém pertencente a esta ou àquela confissão cristã. Este é na verdade um cristão de recenseamento. Mas, o que é, afinal, ser cristão?

No dizer de uma personalidade insuspeita, o Dalai Lama, ser cristão é ser a reencarnação do Cristo. Encarnar a luz que existia em Cristo. Espelhar o amor que existia em Cristo. Viver a paixão vivida por Cristo até às últimas consequências. Na versão do Apóstolo Paulo, ser cristão é ser evangelizador. E, na afirmação do próprio Cristo, é ser luz do mundo, sal da terra, fermento na massa. Para tanto, não é preciso ser grande nem destacado, pode-se ser pequenino como um grão de mostarda. Daí a responsabilidade de quem escolhe e de quem é escolhido "Empresário Cristão do Ano". Encarnar a luz de Cristo num mundo de apagão espiritual em que vivemos. Encarnar o amor de Cristo numa sociedade individualista, em que predominam o materialismo excludente, o ódio e a violência. Encarnar a paixão de Cristo quando nos tornamos mais e mais indiferentes à dor e ao sacrifício, como se fossem decorrentes do mal, preferindo os momentos de alegria, prazer, gozo e usufruto dos bens materiais. Buscando o ter ao invés do ser. Desempenhar esse papel, corporificar todos esses sentimentos, não é realmente tarefa para um cristão qualquer. Entretanto, e apesar de tudo, este é o papel do verdadeiro cristão. Destacado ou não, lembrado ou esquecido, ele deveria ser um paradigma, através de seu comportamento e de suas ações.

Em novembro de 2004, pretendi complementar a importância do papel da ADCE através deste outro artigo, também publicado no *Jornal do Comércio*:

A religião da alegria

A Associação de Dirigentes Cristãos de Empresas convidou, para palestrante em recente reunião de almoço, o patrono da 50º edição da Feira do Livro, o professor e festejado escritor

Donald Schuler. Contagiado pelo ambiente, ele começou a sua palestra referindo-se a Nietzsche, que considerava o cristianismo a religião da tristeza. Do Deus morto. E ele estava constatando o contrário. Uma comunidade alegre.

Não só o grande filósofo alemão, que prognosticou a morte de Deus, mas muitas pessoas encaram o cristianismo como uma religião triste. Mais voltada para a morte do que para a vida. São pessoas que não penetram na essência do cristianismo. Pretensamente cultas, se detêm na Sexta-Feira da Paixão e nunca chegam ao sábado de aleluia. Ao domingo de Páscoa. Todos temos de vencer, vez por outra, momentos de dor, tristeza e mágoa para, com fé, chegarmos à paz e à tranquilidade. Evidentemente, seria melhor atalhar o caminho. Deleitar-se com o perfume da rosa, sem ferir-se nos espinhos. Se o amor é provado na dor, no sofrimento, na cruz, a alegria e a felicidade são corolário dessa provação. O autor de "Assim falava Zaratustra" deteve-se na sua morbidez. No seu negativismo. Que o levaram à loucura. Deus para ele estava morto. O Cristianismo, uma religião morta. Ele morreu numa sexta-feira. Não chegou ao domingo de Páscoa. Como ele, muitos de nós vemos o cristianismo como uma religião mórbida. Triste. De um Deus crucificado. O verdadeiro Cristianismo é a religião de um Deus ressuscitado. Um Deus de amor. E quem conhece e experimenta o amor sabe, perfeitamente, que amar não é morrer. Amar é viver integralmente a vida. É alegria. O amor pode passar pela paixão de uma sexta-feira. Mas, se for um amor verdadeiro, humanamente divino, fatalmente desabrochará num domingo de permanente alegria, sol e felicidade. O cristianismo é a religião da alegria. Do amor eterno de um Deus vivo por suas criaturas. Um cristão triste é um triste cristão.

Em determinado momento, por orientação de Dom Antônio do Carmo Cheuiche, foram criados os Encontros de Reflexão de Empresários Cristãos, e posteriormente de suas esposas, que se realizavam em fins de semana, com início numa sexta-feira e encerramento no domingo pela manhã, com pernoite na Vila Betânia ou Manresa. As palestras eram proferidas por adeceanos e também por sacerdotes. Segundo os meus arquivos, foram realizados mais de cinquenta encontros. Com o correr do tempo, os levamos também para algumas cidades do interior, como Passo Fundo, por exemplo.

Graças ao sucesso desses encontros, ainda por orientação de Dom Antônio, foram realizados encontros de médicos, políticos e juristas, todos com a mesma pedagogia e orientação.

Decorrido algum tempo, sob a orientação do meu saudoso e particular amigo, e brilhante advogado Eduardo Viana Pinto, foi criada também a Associação dos Juristas Cristãos. Eduardo havia também atuado no leonismo, fundando alguns de seus clubes, como o Lions Clube Rodoviário.

De lá para cá, as atividades da ADCE/ RS passaram a ser registradas em nosso jornal, *O Empresário Cristão*, aprimorado e editado sob a orientação do companheiro Dr. Antônio D'Amico, merecidamente perpetuado, enquanto escrevo estas memórias, na presidência da ADCE/ RS.

Não foi o meu caso, mas uma vez entregue a "Mensagem a Garcia", ninguém ficou sabendo do destino de Rowan. Também pouco interessava saber. O importante é o que ele havia feito: levara a cabo a missão, que, ao aceitar, não cogitou se seria árdua ou impossível.

Clubes de Serviço

Lions Clube Porto Alegre Independência

Após algum tempo como membro do clube, em julho de 1970 fui eleito seu presidente, em seguida a Mario S. Sperry, tendo como vice-presidentes Paulo Fausto Cauduro, Adúlcio Floriano e J. C. Machado Ferreira, 1º secretário Laerte L. Cordeiro, secretário Arthur F. Machado, 1º tesoureiro Mario D. Cabral Filho, 2º tesoureiro Henrique Fontana, diretor social Claudio Fulginitti, e diretor animador Olney Fajardo. Infelizmente, enquanto escrevo estas minhas memórias muitos desses companheiros já faleceram.

Ao longo da minha permanência nos quadros leonísticos, tive oportunidade de colaborar com companheiros dirigentes de clubes coirmãos, com a inserção, a seu pedido, de textos da minha lavra em seus boletins, por ocasião de festividades especiais. Em junho de 1975, por exemplo, o Lions Clube Porto Alegre Centro festejou seus 20 anos de fundação, sob a presidência do companheiro leão Jamil Asmus Aiquel, de saudosa memória. Ao evento compareceram 300 convidados. Por nímia gentileza, fui convidado a proferir, aos companheiros do clube e visitantes, a saudação que foi publicada no boletim informativo do clube, O Pioneiro do Sul, por ele qualificada como "uma invocação a Deus digna de figurar nos anais literários do pensamento leonístico", e que transcrevo abaixo.

Pai nosso que estais no céu, santificado seja o Teu nome, venha a nós o Teu reino, seja feita a Tua vontade, assim na terra como no céu. O pão nosso de cada dia nos dá hoje. Perdoa as nossas ofensas, assim como nós perdoamos a quem nos tem ofendido. Não nos deixe cair em tentação. Livra-nos do mal.

Estás sentindo, Senhor, a decepção desses companheiros? Em todas as nossas assembleias é comum e estatutário iniciarmos os nossos trabalhos com uma invocação a Ti. A assembleia de hoje, porém, é uma assembleia festiva. Com muita gente. Com muitos leões e muitas domadoras. É que hoje estamos comemorando vinte anos de leonismo no Rio Grande do Sul. Vinte anos de fundação do Lions Clube Porto Alegre Centro e 15 anos de fundação do Lions Clube Porto Alegre Independência.

Vindo de São Paulo, está conosco o futuro presidente internacional de clubes de leões. Tu o conheces. Como se trata de uma festa toda especial, os promotores desta comemoração me pediram que proferisse uma invocação a Ti. Uma oração também toda especial. Com isso esperavam, por certo, que eu dissesse algo bonito, diferente, poético quem sabe, floreado talvez, inesquecível sem dúvida.

E eis que eu começo justamente balbuciando uma oração simples, comum, rotineira, sem nenhuma poesia nem floreio algum.

É por isso que eles devem estar decepcionados. Acontece, porém, Senhor, que eu também estou decepcionado. Não comigo, mas contigo. Porque eu, eu poderia ter feito, modéstia à parte, uma oração bonita. Tu viste, ontem à noite, eu até cheguei a iniciar uma. Ela começava assim:

"Lá, onde a lâmina do horizonte abriu no espaço uma ferida, o dia perde lentamente o seu sangue. Em suas veias esvaziadas infiltram-se as trevas, e o corpo geme, transido pelo frio da noite. Por sobre o morto se acendem mudas estrelas. Senhor, a ti pertence o dia. E nós pertencemos ao dia. Porque pertencemos a Ti".

É verdade, e de Ti eu não posso esconder, esses versos não são meus. Mas eles serviriam de pano de fundo à minha oração. E a coisa ia ficar bacana! Mas, depois, eu pensei. Pensei e não gostei. Pedi, então, que me inspirasses. Tu, porém, como que embotaste a minha mente. Para mostrar que o silêncio, ou que as coisas simples são quase sempre mais eloquentes do que as palavras bonitas, mas ocas, vazias, sem sentimento. Sem alma. Pensei até que me havias abandonado. Entreabri a janela. A brisa da noite esvoaçou sala adentro. Ouvi o farfalhar das árvores e o pipilar dos passarinhos. Senti o perfume das flores, que vinha das floreiras. Aliviado, percebi novamente a Tua presença. Corri, então, ao Teu livro, aos Teus evangelhos, e procurei se não tinhas, alguma vez, proferido uma bonita oração. Procurei e encontrei. Num determinado dia, Teus discípulos pediram que os ensinasses a rezar. E Tu lhes ensinaste justamente o "Pai nosso que estais no céu".

Pensei, então, que se Tu, em Tua divina sabedoria, convidado a dizer uma oração não tinhas encontrado algo melhor, por que justamente eu, nesta noite, teria que achar uma oração mais bonita? Ela, porém, é bonita. É profunda. Tem sentido. Nós é que não vemos. Ela é a oração dos filhos de um mesmo pai. Que desejam vê-Lo respeitado no céu, na terra e em todo o lugar. Que pedem somente o pão de cada dia, nem mais, nem menos. Que solicitam, humildemente, perdão de suas faltas, perdoando as faltas dos outros. Que imploram proteção contra toda a espécie de tentação. Da carne e do espírito. O que mais alguém poderia Te pedir? Dinheiro? Poder? Felicidade? E o que somos nós aqui reunidos, senão uma família, uma irmandade, que Te reconhece como Pai, que prega o amor e procura praticar a fraternidade?

Por isso, resolvi Te invocar com a Tua própria oração. Se os homens não gostam, não sei. Afinal, a oração não é dirigida aos homens. É dirigida a Ti. E Tu, tenho certeza, estás me ouvindo e nos vendo neste instante.

Aliás, Tu que conheces tudo e nos conheces desde todos os tempos, inclusive, portanto, desde a fundação de nossos dois clubes, deves estar reparando a falta de alguém. Não me refiro à falta dos que, embora vivos, abandonaram o movimento. Me refiro especialmente àqueles que Tu retiraste de nosso meio. Ao Ricardo Eichler, ao João Cardoso, ao Paulo Saldanha, ao Pedro Mota, ao Aranha, ao Manoelito, ao Creydi, ao Werner Moeler, ao Malmann e, também, à domadora Ilhia, esposa de nosso companheiro Dante de Laytano.

Tu os tiraste de nosso convívio, impedindo-os de assistir a esta festa. Mas, a vida, como disse Saint Exupéry, é assim mesmo. A princípio, enriquecemos, plantamos durante anos, mas os anos chegam em que o tempo destrói esse trabalho, arranca essas árvores. Um a um os companheiros nos retiram sua sombra. E aos nossos lutos mistura-se, então, a mágoa secreta de envelhecer.

Por isso, nossa prece neste instante, além de se constituir num agradecimento às Tuas inúmeras bondades, é em primeiro lugar em favor desses companheiros. Para que Tu os mantenhas, permanentemente, à luz de Tua face.

Quanto a nós, muito obrigado por nos permitires assistir ao transcurso desse marco na história do leonismo rio-grandense.

Nesta caminhada, Tu bem sabes, só nos move o bem do próximo e a propagação dos mandamentos de amor, que inscreveste no coração dos homens.

Que nós Te aceitamos, Te apreciamos, Te queremos junto a nós, em todos os momentos de nossas vidas, nos momentos tristes, como nos momentos de alegria, Tu estás vendo neste momento, quando todos aqui, tenho certeza, estão orando comigo.

E rezar juntos, conforme escreveu Madame de Stael, seja em que língua for, seja em que rito for, é a mais comovente fraternidade de esperança e de solidariedade que os homens podem encontrar sobre a Terra.

Tu, senhor, Tu que disseste que onde houvesse duas ou mais pessoas reunidas em Teu nome Tu estarias no meio delas, permanece conosco e inspira os nossos companheiros na sábia condução dos destinos da nossa Associação.

E quando, na palavra do poeta, "as madressilvas se calarem nas sebes e o vento do céu dissolver os últimos pássaros, quando a neblina impenetrável nos apagar a vista, anoitecendo a esposa luminosa, a voz dos filhos, quando o cetro das sombras nos ferir a fronte, Senhor, não tenha sido em vão a nossa vida, mas que nas praças nós deixemos murmurando um pensamento de brandura; ou pelos campos que povoamos de frondes perdulárias, possa ficar cantando, como um lótus na corrente, a asa amiga de um gesto de bondade".

Rotary Clube de Porto Alegre

Passado o tempo, voltado para as minhas atividades no Grupo Crefisul, que como diretor não eram poucas, exigindo muitas viagens entre Paraná, Santa Catarina e Rio Grande do Sul, acabei por falta de frequência me desligando do Lions Clube.

Tempos mais tarde, num determinado dia, recebi em meu gabinete do banco a visita de dois grandes amigos, Ênio Gomes de Oliveira e João Pedro Escosteguy, ambos ex-presidentes do Rotary Club de Porto Alegre. O primeiro, presidente no período 1976/77 e o segundo no período 1979/80. Vinham me convidar para ingressar no seu clube, e após muita relutância, aceitei o convite.

Decorridos os anos, acabei me tornando presidente do

Rotary no período 1992/ 93, quando era governador do distrito meu particular e saudoso amigo Eduardo Viana Pinto. No meu período, o conselho diretor tinha a seguinte composição: 1° vice-presidente Hajime Hirano; 2° vice Antônio Maria B. de Abreu; 1° secretário Vivaldo Ayres Veloso; 2° secretário Ubaldo Picolli; 1° tesoureiro Álvaro Machado Campelo; 2° tesoureiro Nilton Freitas Filho; diretora de protocolo Betty Y. B. Borges Fortes; diretora de protocolo adjunta Isabel Cristina Nardes; diretor de serviços internos Antônio Alonso Rosa; diretor de serviços profissionais Francisco Farias Guimarães; diretor de serviços à comunidade Alno Ferrari; diretor de serviços internacionais Antônio Pereira da Silva; diretores sem pasta Eduardo Silveira Martins e José André Picoli; e presidente 1993/ 94 meu sucessor, Fernando Magnus.

Minha mensagem como presidente, em 1° de dezembro de 1992. teve o seguinte teor:

A felicidade de servir

"A felicidade", escreveu o famoso poeta e ensaísta norte-americano Ralph Emerson, "é um perfume que não podemos derramar sobre os outros sem que algumas gotas nos salpiquem também".

A busca da felicidade, conforme proclamou o presidente Cliff Dochterman, é um objetivo de atração universal.

Mas, onde buscar a felicidade? No trabalho? No estudo? No amor? Nos amigos? Nos divertimentos? Na política? Nas viagens? Na riqueza? No conforto? Na beleza física? Na autoestima?

O escritor Will Durant disse, certa feita, que procurou a felicidade no saber e só encontrou desilusões. Depois, procurou a felicidade em viagens e encontrou cansaço. Na riqueza, e encontrou discórdias e preocupações. Procurou a felicidade no seu trabalho de escritor e sentiu-se apenas fatigado.

Na verdade, não precisamos procurar muito para descobrir que nada disso — saber, trabalho, riqueza, amor, política, amigos, viagens, conforto, beleza — traz em si a felicidade. Pode, se muito, proporcionar momentos de prazer. E assim mesmo, quase sempre um prazer aparente e transitório. Caso contrário, os letrados, os ricos, os amantes, os políticos, os extrovertidos, os viajores, os artistas, seriam todos pessoas permanentemente felizes. E a felicidade nos mostra que isto não acontece.

Ninguém, no entanto, pode contestar a felicidade que gozaram, ou gozam, perpetuamente, uma Madre Teresa de Calcutá, uma irmã Dulce, um Mahatma Gandhi, sem falar num São Francisco de Assis e tantas outras pessoas que dedicaram, não momentos, mas toda uma vida ao serviço do próximo.

Pensando bem, a busca da exclusiva e excludente felicidade pessoal é um ato de egoísmo. E o egoísmo jamais proporciona felicidade a quem quer que seja.

A verdadeira felicidade só se encontra realmente no servir desinteressado.

E aí está um ato simples. Corriqueiro. Cotidiano. Que não requer sabedoria, riqueza, adestramento, tempo, imaginação, ou sei lá o que mais.

Um sorriso, até mesmo àqueles que nos são estranhos. Um conselho aos que nos esperam. A mão estendida aos que nos suplicam. A palavra amiga na hora difícil. Uma colaboração espontânea, que não nos foi cobrada. Um engajamento numa campanha de auxílio aos necessitados. A participação, enfim, em movimentos em favor da vida e da natureza são perfume que derramamos sobre os outros e que, indiretamente, nos salpicam.

Tentando ajudar o próximo a ser feliz é que encontramos a nossa própria felicidade.

Servindo desinteressadamente a cada instante, em cada gesto, ainda que pequenino, asseguramos a nós mesmos uma felicidade duradoura.

O Rotary Internacional, a exemplo de outras poucas instituições, como a família e a igreja, nos oferece a oportunidade de servir. O Rotary, portanto, a exemplo de outras poucas instituições, nos oferece a oportunidade de sermos felizes.

Se tudo o mais — companheirismo, novas amizades, troca de ideias, enriquecimento cultural e de informação — nada significasse, só a busca da verdadeira felicidade justificaria a nossa adesão ao Rotary Internacional.

Afinal, a felicidade, fugaz e egoísta, buscada através de outros meios, acaba sempre nos deixando na alma o gosto amargo da desilusão.

A instituição Rotary Club, vale a pena assinalar, é uma organização de homens de negócio e profissionais unidos no mundo inteiro que prestam serviço humanitário, fomentam um elevado padrão de ética em todas as profissões e ajudam a estabelecer a boa vontade e a paz no mundo. O Rotary Clube de Porto Alegre foi fundado em 9 de dezembro de 1928. Eu tinha então quatro aninhos de idade.

O objetivo do Rotary é estimular e fomentar o ideal de servir, como base de todo empreendimento digno, promovendo e apoiando: (1) o desenvolvimento do companheirismo como elemento capaz de proporcionar oportunidade de servir; (2) o reconhecimento do mérito de toda ocupação útil e a difusão das normas da ética profissional; (3) a melhoria da oportunidade pela conduta exemplar de cada um na sua vida pública e privada; e (4) a aproximação dos profissionais de todo o mundo, visando a consolidação das boas relações, da cooperação e da paz entre as nações.

Pertenceram ao clube em Porto Alegre, no início e ao longo do tempo, figuras como Ismael Chaves Barcellos, Victor A. Kessler, Heitor Annes Dias, A.J. Renner, Otelo Rosa, Florencio Ygartua, Eduardo Secco Jr., Carlos Moraes Vellinho, Alcides Gonzaga, Walter Koch, Edgar Luiz Schneider, Jorge Vieira Bastian, Osmar Pilla, Kurt Weissheimer e muitas outras figuras de projeção em nosso meio político e profissional.

Ao longo dos anos, cruzei com muitos desses companheiros, como, por exemplo, A.J. Renner, a quem convidei para batizar a nossa filial do Quarto Distrito quando era diretor do Banco Rio-Grandense de Expansão Econômica S.A.; Alcides Gonzaga, diretor e a segunda pessoa mais importante do jornal

O Correio Do Povo, à época do meu primeiro emprego em Porto Alegre, como revisor do jornal; Dr. Osmar Pilla, famoso e querido médico à época, inclusive de meus filhos; e Kurt Weissheimer, diretor do Banco Agrícola Mercantil S.A., onde trabalhei por mais de uma década e que foi meu padrinho de casamento. Isto, sem mencionar aqueles com quem convivi após meu ingresso no movimento.

-17-
O ARTICULISTA

Desde pequeno, e depois nos meus tempos de seminarista, sempre gostei de escrever. Os colegas do Seminário Maior de São Leopoldo editavam um jornal, *O Seminário*, e me convidaram pera ser seu representante no Seminário Menor de Santa Maria. Além de representante, me tornei, também, colaborador.

Minha vontade de escrever, aliás, vinha de longe. Com 14 anos de idade, então frequentando o Seminário Menor de Santa Maria, enviei para minha mãe o seguinte poema, da minha lavra, intitulado "O passarinho":

> Canta, canta passarinho
> Vai pulando em cada flor.
> Canta canta tico-tico
> Vai cantando o teu amor.

> Ouve, ouve o pio pio
> Dos teus filhos lá no ninho.
> Ouve, ouve o seu queixume
> Contra o pássaro daninho.

> O gavião já se aproxima
> Quer teus filhos devorar,

Corre corre passarinho
Vai teus filhos salvar.

Seguiam-se mais sete estrofes, terminando a última com a morte do passarinho, devorado pelo gavião:

Mas, ai coitado, que dor!
Quando viu o ninho vazio.
De tristeza e de amor
Morto o coitado caiu!

Chegado a Porto Alegre, por mãos amigas fiquei conhecendo o Archymedes Fortini, a quem já me referi, e que me empregou provisoriamente na Associação Rio-Grandense de Imprensa. Minha permanência foi curta, porque logo passei a trabalhar, como revisor do *Correio do Povo*, como já contei. Decorridos os anos, em 22 de junho de 1954 me associei à ARI, sob o número 442.

Publiquei artigos da minha lavra no *Correio do Povo* e no *Diário de Notícias*, da cadeia de Assis Chateaubriand, onde também passei a ter amigos, que, vez por outra, publicavam meus escritos.

Decorrido o tempo, após alguma relutância, já diretor regional do Banco Crefisul S.A., fui convidado a tomar parte do chamado Cursilho da Cristandade, um movimento que ainda existe. Ao término do encontro se recebia um crucifixo, que guardo até hoje, contendo a seguinte inscrição: "Conto Contigo".

Num determinado dia de inverno, como de costume, saí com o meu casacão. Ao colocar a mão no bolso, me deparei com o meu crucifixo e, naturalmente, com a inscrição "Conto contigo". Foi quando pensei: *se Ele diz que conta comigo e me presenteou com o dom de escrever, com que cara eu iria, um dia, me apresentar diante Dele? Com toda a razão, poderia me chamar de servo mau e preguiçoso.*

A propósito, como já relatei anteriormente, quando solteiro, em Porto Alegre, enquanto os meus amigos se reuniam para jogar *snooker*, eu corria para a Biblioteca Pública para ler. E lá ficava até o funcionário, que já me conhecia, dizer que precisava fechar a biblioteca.

Jornal do Comércio

Alguns anos antes, através do Lions Clube, eu havia travado conhecimento e amizade com Delmar Jarros, filho do então falecido presidente e proprietário do *Jornal do Comércio*, Jenor Cardoso Jarros. De religião metodista, Jenor não acolhia em seu jornal propaganda de bebidas alcoólicas; e conversa vai, conversa vem, Delmar me convidou a escrever no jornal, de que à época ele era diretor. Convite aceito, no dia 5 de outubro de 1973 publiquei o meu primeiro artigo, intitulado, como os muitos que se seguiram, "Sempre às sextas-feiras".

Coordenar o meu expediente de diretor de banco com o de jornalista foi sumamente recompensador, sobretudo devido à recepção dos leitores.

Meu primeiro artigo, publicado em 5 de outubro de 1973, teve o seguinte teor:

> Faz muitos anos que conheço Delmar Jarros. Fomos companheiros de Lions Clube. Faz mais anos que conheço o *Jornal do Comércio*, Desde os tempos em que, como Consultor do Comércio, circulava semanalmente. Acompanhei a sua evolução. Leio-o diariamente. Sou dos que o levam para casa para permitir que os familiares também o façam. Acho-o completo, ou quase completo. Nele leio notícias políticas, esportivas, econômicas, sociais. Dele recorto artigos, lições e ensinamentos. Até pensamentos e conselhos bíblicos colhi de suas páginas, pela leitura de "No Cenáculo". Através de suas páginas acompanho o nosso desenvolvimento econômico e os nossos fracassos. Ele já me mostrou a ascensão e a queda de empresas e de pessoas. Como jornal, cumpre a sua missão de

informar, levando a seus leitores notícias boas e funestas. Ele é uma janela para o homem e para o mundo. Dentro de minhas possibilidades, tenho procurado prestigiar esse respeitável órgão de nossa imprensa e por ele tenho sido invariavelmente prestigiado.

Um jornal como veículo de informação tem uma missão elevada, qual seja, a de em respeito ao público leitor, informar com veracidade e comentar com isenção. Um jornal que segue esta linha merece o nosso respeito. E porque tenho respeito para com o *Jornal do Comércio*, e através dele com seu público leitor, é que sempre relutei em aceitar o convite de seu diretor superintendente para colaborar com ele, escrevendo em suas páginas. E mesmo, escrever o quê? Meu sonho de jornalista, que não passou de associado da ARI e de revisor do *Correio do Povo*, muito cedo se transmudou no de bancário.

Poderia escrever sobre economia, embora meus cursos universitários sejam o de Letras e o de Ciências Jurídicas. Mas, no momento em que vivemos, de crescente relevância de valores econômicos sobre os demais, não falta quem, com mais conhecimento e profundidade, aborde tais assuntos. Poderia escrever sobre marketing, que vivo diariamente, ou sobre o Mercado de Capitais, dentro de cuja esteira venho, há longos anos, desenvolvendo as minhas atividades. Escreve-se muito, ultimamente, sobre esses assuntos, e não acredito que viria deitar mais luz sobre eles. Escrever por escrever pode, sem dúvida, saber ao gosto de quem escreve, mas nem por isso ao gosto de quem lê, nem atingir as finalidades propostas.

Mas, afinal, resolvi escrever. E aqui estou, acolhido nas páginas do *Jornal do Comércio*, subscrevendo esta coluna. Não vou escrever sobre economia, de que sei alguma coisa, mas sobre a qual muito tenho que aprender. Não vou escrever sobre Direito do Trabalho, junto a cuja justiça atuei por mais de uma década como procurador e que foi a única disciplina, dentro do meu curriculum universitário, pela qual me apaixonei. Não vou escrever sobre marketing, de que trato, vivo e estudo diariamente. Não vou escrever sobre o novo Mercado de Capitais brasileiro, que, por assim dizer, vi nascer, e dentro do qual desenvolvo as minhas atividades profissionais, desde o surgimento da Lei que o regulamentou.

Não vou escrever sobre economia e marketing bancário, de que me tornei um executivo e a cujo serviço dediquei, praticamente, a minha vida profissional. Não vou escrever sobre nada disso e vou escrever sobre tudo isso. Pretendo escrever, se não for pretensão de minha parte, sobre algo que eu sinto e que você sente, meu caro leitor. Sobre algo que eu vivo e que você vive. Sobre algo de que preciso, além de tudo o que faço, e de algo que você precisa, além de tudo o que você faz. Pretendo abrir uma pequena fresta desta grande janela que é o *Jornal do Comércio* para divisar com você dentro desse ambiente poluído de nosso dia a dia — Deus e o próximo.

Pode até mesmo parecer estranho que um executivo do Mercado de Capitais, que pretende ser arejado, evoluído, afeito e voltado a transas econômico-financeiras, venha de público fixar-se tais propósitos. Mas você verá, como eu, meu caro leitor, que não é bem assim. Como terá acontecido a você, também eu um dia me encontrei só, dentro da multidão, perdido dentro de meus objetivos, isolado dentro do universo de "próximos" que nos cercam; e tive, então, a ventura de ver que, realmente, não estava só. Ele estava comigo. E, aí, aprendi a vê-Lo nos outros. Esta visão não é fácil. Nem para mim, nem para você, nem para ninguém. Diariamente a poluição provocada por nós mesmos, por nossos atos, por nossos gestos, nas nossas atividades profissionais, deforma figuras, descaracteriza atitudes, corrompe ambientes e nos dificulta a verdadeira visão, o verdadeiro enfoque da vida.

E no próximo nós não vemos mais o *próximo* e nele não vemos mais a *Deus*. Somos robôs insensíveis, em tudo e por tudo pré-fabricados. Máquinas de fazer e ganhar dinheiro para nós e para os outros. E sob esse prisma passamos a encarar a vida. Vamos procurar divisar, através desta janela que nos abre o *Jornal do Comércio*, o mundo colorido que Deus criou e que, muitas vezes, não conseguimos enxergar além de nossa mesa de trabalho. Vamos procurar divisar desta nossa janela a "festa do poente dos montes distantes" de que nos fala

Pablo Neruda em seu poema. Mas, por que às sextas-feiras? Por que o *Jornal do Comércio*? Por que este assunto? Por que eu?

Aguarde-me até a próxima sexta-feira, se Deus quiser.

A este artigo introdutório se seguiram, ao longo de alguns anos, centenas de outros. Não foi uma tarefa fácil. O espaço do jornal estava à minha disposição e eu não podia faltar com o meu compromisso. Vez por outra, viajando a São Paulo para uma reunião de diretoria, escrevia o artigo no hall do aeroporto, enquanto o meu voo não era chamado. E não poderia aqui me furtar a transcrever algumas das centenas de cartas de leitores, trabalhadores e empresários, não só de Porto Alegre, como de todo o Estado. Guardo-as com carinho, como recompensa ao gratificante trabalho que tive.

Da leitora que se identificou como Maria Luiza, simplesmente:

Prezado Dr.,

Nesta véspera de Natal, quando ao meio de tantas outras coisas penso também se falta alguém para enviar meu cartão de Boas Festas, me veio então a ideia de escrever ao senhor. Fiquei animada, pois já há bastante tempo sou leitora da sua coluna no *Jornal do Comércio* às sextas-feiras e aprendi a admirá-lo, a respeitá-lo. Pensei que seria desta forma, quem sabe, a melhor maneira ou a oportunidade que faltava para chegar perto de tão maravilhosa pessoa. Sinto-me realmente feliz e emocionada por ter em nossa cidade de Porto Alegre um coração e uma sensibilidade tão grandes, que consegue atingir milhões de pessoas, das mais diferentes idades, com sua coluna semanal. O senhor não pode imaginar o quanto é maravilhoso se presenciar pessoas se encontrarem, se identificarem, se entenderem através de seus pensamentos. Acho mesmo que sua coluna já é um ponto de encontro daqueles que se amam, que sabem o verdadeiro sentido do amor. Parabéns ao senhor e à sua estimada família, que deve ser muito feliz. Ao senhor e aos seus, um feliz 1981, com muita saúde, alegrias e muito amor. Felicidades.

Maria Luiza

De um outro leitor, ninguém menos do que o saudoso médico Dr. Jandyr Maya Faillace, fundador e proprietário do Laboratório Faillace, que existe até hoje. Quando, certa feita, por motivo de doença, não pude publicar o meu "Sempre às sextas-feiras", dele recebi a seguinte carta:

Saudações cordiais.

Venho pedir-lhe que use multivacinas, penicilina e o mais que for necessário para protegê-lo contra doenças que nos privam de suas apreciadas crônicas semanais no *Jornal do Comércio*, como aconteceu dias atrás. E que, embora saudoso do verão e dos enlevos do mar, não tenha tanta nostalgia vendo as "folhas secas e amarelecidas que cobrem o chão do outono".

Em nosso querido Estado, só as manhãs de primavera serão mais lindas que as tardes outonais. Aqui mesmo em Porto Alegre, basta subir até à velha Praça da Matriz, olhar para o poente, e se ficará extasiado com os cambiantes de luz dos nossos maravilhosos crepúsculos. Ou ir à Rua da Praia admirar os encantadores vultos femininos que percorrem seus passeios. Adornados com arte, transfigurados pela imaginação. E assim, em pleno outono, mais fascinantes que os corpos bronzeados 99%, estendidos nas escaldantes areias do mar.

Anime-se e multiplique o prazer de seus numerosos leitores, dando à sua habitual coluna nova epígrafe: "Sempre às terças e sextas-feiras".

Seu leitor assíduo e admirador.

De uma leitora, que se subscreveu como Sonia Leal da Silva, recebi a carta abaixo, que não poderia deixar de mencionar:

Porto Alegre, 27 de abril de 1976

Prezado Sr. Luiz Giacobbo,

Dois motivos fazem me esperar ansiosamente as sextas-feiras. O primeiro é que tenho pela frente dois dias para desfrutar com os meus, e o segundo é a sua crônica.

Na luta do dia a dia, às vezes duvido que o senhor exista (desculpe pela dúvida). As suas crônicas me fazem sentir gente, dão-me forças para continuar amando e perdoando as pessoas, fazem-me acreditar que são poucas as que não viraram máquina.

Até eu me casar não dava nada pela vida, mas há 8 anos sei o que é o amor numa família. Sou uma das poucas mulheres que tem absoluta certeza do amor do meu marido e tenho um filho de sete anos que acha a mãe dele a mulher mais linda do mundo. Sou funcionária da Caixa Econômica Estadual e meu marido é mecânico de automóvel (autônomo), moramos numa casinha humilde, mas é nossa e temos muitos projetos para o futuro. E esperança.

Gosto muito quando o senhor fala em Deus, pois se ouve falar tão pouco n'Ele.

Não sei expressar muito bem aquilo que sinto, mas a grande vontade de cumprimentá-lo deu-me coragem para escrever a um escritor. Gostaria de saber se escreveu algum livro e qual foi.

Desejo-muita saúde e muito amor de vida para conviver com a família que o senhor tanto ama.

Uma grande admiradora.

Certo dia, tratando de um empréstimo que o nosso banco estava fazendo para o Estado, recebido pelo então secretá-

rio Babot Miranda, ele foi logo me perguntando: "Afinal, é você quem escreve aquelas coisas bonitas às sextas-feiras no *Jornal do Comércio?*
Respondi que sim. Ele ficou muito admirado!

∗∗∗

E como tudo neste mundo tem princípio e fim, lá pelas tantas deixei de escrever semanalmente. Livre do compromisso semanal, continuei frequentando o "meu" jornal eventualmente, como quando do falecimento de sua diretora e fundadora Sra. Zaida Jarros, e de seu falecido esposo, fundador do jornal. A ele, que faleceu antes, dediquei o seguinte artigo:

Um homem de fé, uma obra de Deus

O homem é justificado pelas suas obras, e não simplesmente pela sua fé.
(Tiago, 2:25)

A diretora presidente deste jornal, por ocasião do sexagésimo quarto aniversário de sua fundação, disse: "Acreditem, vamos completar 100 anos". Eu acredito. Não só cem, mas mais. Desde que o nosso Jornal do Comércio permaneça, como até aqui, fiel à memória, aos sonhos e aos ideais de seu fundador, Jenor Cardoso Jarros. Não privei de sua amizade, mas nos muitos contatos que tivemos, além de tudo o que foi dito e escrito merecidamente a seu respeito, ele me passou a imagem de um homem de fé, fiel a seus princípios religiosos. A par, evidentemente, de sua consciência de cidadão responsável para com sua comunidade. De ambas as posturas, nos deixou sobejas provas.
Até sua morte, polidamente, como costumavam ser seus gestos, deixou de receber, embora em prejuízo de sua empresa, anúncios de venda de cigarros e bebidas alcoólicas. Produ-

tos alimentadores de vícios, consoante os ditames da crença cristã e metodista. Ao invés, criou em seu jornal um recanto existente até hoje, intitulado "No Cenáculo". Nele, diariamente, nos deparamos com um depoimento de fé e de vida, uma citação bíblica, uma curta prece a Deus. Além de um oportuno pensamento para o dia. Em que jornal se encontra iniciativa similar? Mas, se meu convívio com Jenor não foi assíduo, até mesmo pela nossa diferença de idade (quando ele fundou o então *Consultor do Comércio* eu tinha apenas oito anos), com seu jornal já foi diferente. Procurei prestigiá-lo através de anúncios das instituições financeiras em que atuei. Lá está, na primeira página do ainda Consultor do Comércio, a informação do Banco Agrícola Mercantil S.A. de que eu era à época secretario da diretoria e responsável pelo departamento de publicidade. Mais do que isso, entretanto, tornei-me seu colaborador.

Em fins de 1970 participei de um Cursilho da Cristandade que me marcou profundamente. Consciente de que todos temos um talento, ainda que modesto, e pelo qual um dia vamos responder perante Deus, resolvi colocar o meu à disposição do Senhor, levando uma mensagem de fé, esperança e amor ao maior número de pessoas. Como, entretanto, fazê-lo? Lembrei-me, então, do "nosso jornal". Acolhido pelo seu diretor superintendente, criei uma coluna intitulada "Sempre às sextas-feiras", publicada ao longo de uma década. Foram cerca de quatrocentas crônicas, sem o brilho de jornalistas maiores e sem qualquer intuito literário. Redigidas, porém, com alma e sentimento cristãos.

Já mais tarde, na presidência da Associação de Dirigentes Cristãos de Empresas, lançamos uma campanha visando à recristianização do Natal, transformado em peça de marketing pela sociedade de consumo. Ainda uma vez, encontrei nosso jornal de braços abertos à iniciativa. Até hoje, não é preciso solicitar, todos os meses de dezembro, em todas as suas edições, lá está, na primeira página, o nosso selo "Acima de Tudo Natal é Cristo". Razão tinha o apóstolo Tiago ao proclamar que "o homem é justificado pelas suas obras, e não simplesmente pela sua fé".

Por tudo quanto o *Jornal do Comércio* representa para a nossa sociedade, muito mais do que pela sua fé, ele é justificado. Esteja, portanto, tranquila, dona Zaida, incansável e fiel companheira. Seu jornal vai festejar não uma centena, mas algumas centenas de anos. Ele não é apenas a concretização do sonho de um homem de fé. Ele é uma obra de Deus.

Novo Milênio e Versão Semanal

No início do ano 2000 fui convidado a colaborar com o *Novo Milênio* e a *Versão Semanal*, ambos vinculados ao *Jornal do Dia*. Meu compromisso era a publicação semanal de provérbios, preferencialmente de cunho religioso. Guardo em meus arquivos uma centena deles. Minha primeira participação vai aqui transcrita:

Provérbio da semana

Um provérbio ou uma sentença, proferidos ao acaso, podem parecer uma bobagem. Entretanto, os provérbios, com algumas exceções, encerram uma sabedoria acumulada ao longo dos tempos. Seu uso é, por assim dizer, patrimônio dos mais velhos, que costumam citá-los quando querem dar um conselho ou fazer uma advertência. Eles viveram as situações retratadas nos provérbios. Os jovens raramente citam um provérbio. Em sua boca eles correm o risco de perder o selo de validade. Isto, porque não sofreram, ainda, as consequências preconizadas numa sentença qualquer.

Dale Carnegie, em seu livro *Como evitar preocupações e começar a viver*, referindo-se a determinado ditado escreveu que os provérbios encerram, destilada, a própria sabedoria de todas as idades. Provêm da áspera experiência da humanidade, tendo chegado até nós através de incontáveis gerações. Se ambos aplicássemos a maior parte das antigas sentenças, diz ele, teríamos existências quase perfeitas.

Um outro escritor, Hernani Donato, prefaciando a terceira edição do dicionário de provérbios do acadêmico Magalhães Junior, acentua que citar provérbios é proclamar vivência. Requer idade, ponderação, experiência. Não recolhe
a aventura de um indivíduo, mas a experiência de muitos.
Donde, oferecer a alguém a citação de um ditado é praticar
um esforço comunitário, manifestar solidariedade, transferir
vivência, poupar dissabores, minorar o irreparável.

Este o meu propósito: abordar um provérbio ou uma sentença, examinando-os à luz de fatos da vida real. Minha ou
de outrem. Transferindo vivência e experiência. Realmente,
se ouvíssemos os mais velhos, quanta coisa mudaria em nossa vida! Provavelmente ela seria mais tranquila. Mais saudável. E nós, mais felizes. As pessoas de qualquer idade, porém,
detestam em geral ouvir conselho. É coisa de velho que nos
quer impor limites, cerceando nossa liberdade. Ainda que, em
nome dessa liberdade, venhamos a sofrer. Mas, a vida é assim
mesmo. O homem gosta de dar cabeçada. É preciso viver e
errar para aprender. Bem que ela poderia ser melhor. Se ouvíssemos os mais velhos. E os provérbios.

Seria fastidioso, nesta autobiografia, alinhar todos os
provérbios que publiquei, mas posso incluir mais alguns.

A fé remove montanhas

Jesus, ao proferir esta sentença, estava, evidentemente,
falando no sentido figurado. Montanhas só podem ser removidas com máquinas de grande potência. E o homem não é
máquina. É corpo, mas sobretudo alma. Espírito. Não tem ca-
pacidade para, sozinho, mover ou remover uma parte sequer
de uma montanha.

Conta-se que Maomé, que não se julgava filho de Deus,
mas apenas seu profeta, determinou, certa feita, diante de
seus discípulos — lembrando quem sabe a sentença de Cristo — que uma montanha viesse até ele. Em vão. A montanha
nem se mexeu. Desapontado com seu pretenso poder, teria

proferido a famosa frase: "Bem, se a montanha não vem a Maomé, então Maomé vai à montanha". E foi.

Ao tempo de Cristo, não havia rodovias de primeiro mundo. Nem viadutos. As montanhas se constituíam realmente num óbice ao viajor, que precisava contorná-las para chegar finalmente a seu destino. Quando Jesus falou em "montanhas" quis se referir a dificuldades, sentimentos negativos, depressões, desilusões, tristezas — problemas, enfim, de toda a ordem, que temos diuturnamente de enfrentar em nossa vida. Que, diferentemente dos entraves materiais, não podem ser removidos com máquinas. Mas que, por qualquer meio e de qualquer forma, precisam ser resolvidos. Caso contrário, ou abrimos mão de nossos objetivos em busca da paz, da tranquilidade, da felicidade, ou somos soterrados por nossos problemas. Desistindo. Descarregando a mochila. Nos entregando ao desânimo. À inércia. À depressão. Nessas horas, o que fazer? Relaxar? Procurar um tratamento médico? Uma orientação espiritual?

Qualquer que seja o caminho escolhido, independente do auxílio externo, é preciso reagir. Recorra à autoajuda. Recomponha sua autoimagem. Reforce a sua fé, se ainda a tem. Volte-se para Deus, se ainda crê. Neste último caso, não esqueça o importante conselho que, a propósito, nos deixou o grande escritor C. K. Chesterton: "Reza como se tudo dependesse de Deus. Mas age como se tudo dependesse de ti". Nos baseamos muito no "pedi e recebereis". Caímos nas cordas e não fazemos a nossa parte.

Montanhas sempre vão existir. Mover-se sozinhas, não se movem, devem ser removidas. Por nós. E para tanto precisamos de fé. De uma fé que remova.

Não chore pelo leite derramado

Seguidamente, se ouve alguém dizer: "Ah! Se eu nascesse de novo não faria muita coisa que fiz. Minha vida seria diferente". Até a escritores famosos são atribuídas tais lamentações. Eu amaria mais minha mulher. Curtiria mais meus filhos. Apreciaria mais a beleza da vida. Teria seguido outra profissão. Etecetera.

Ledo engano. Você faria tudo igual. As mesmas coisas. Trilharia os mesmos caminhos. Ou descaminhos. E isto, por duas razões. Se voltasse no tempo, você não teria, como não teve, o dom de prever o futuro. Em consequência, você faria errado o que fez errado e certo o que fez certo. Porque tudo foi circunstancial. Em segundo lugar, se, por um passe de mágica, passasse a viver novamente e fizesse tudo diferentemente do que fez, como casar com outra mulher, ser melhor pai, seguir outra profissão, então, me desculpe, você não seria a mesma pessoa. Seria uma outra pessoa. Nós somos sujeitos e frutos da genética e das circunstâncias.

De outro lado, se você conseguisse, como brinde dos céus, nascer de novo e ser outra pessoa, será que você estaria satisfeito? Se hoje não está, a ponto de desejar a oportunidade de uma outra vida, então seu problema não é de tipo de vida. Seu problema é de insatisfação consigo mesmo. Você não se gosta. É um eterno arrependido. Vive chorando o leite derramado. Esquecendo o que não derramou: o leite gostoso, sorvido ainda bebê no seio de sua mãe, lembra-se dela? Se conseguisse ser outra pessoa, ela não seria sua mãe.

Não se pode rejeitar apenas parte do passado. Nem tampouco viver no condicional. Há que viver no presente, aceitando a vida como ela é. Do passado, recordar o que houve de bom. Os momentos de sucesso. Não os de derrota. Os de felicidade, não os de dor. Aceitando como princípio que não há vida perfeita. Ao contrário, a vida se constitui de altos e baixos. Dias e noites: sem alternâncias, a vida seria monótona. Se não houvesse horas de tristeza, não daríamos valor à alegria. Como é lindo quando as lágrimas dão lugar ao sorriso no rosto de uma pessoa! Seja uma criança, um jovem ou um ancião. Sem alguma contrariedade, a própria felicidade seria incompleta.

A noite é necessária para ansiarmos pelo amanhecer do dia. Entre uma e outro, nós vivemos o sonho. E a vida é, na verdade, um sonho. Um lindo sonho de que nunca se deveria acordar.

Velho cedo, velho moço

Há um ditado que diz: "Se quiseres ser velho moço, faze-te velho cedo". Cícero, em seu tratado sobre a velhice, *De Senectute*, disse quase a mesma coisa: "Torna-te velho cedo se quiseres ser velho por muito tempo". Nós sempre achamos que a velhice está longe. Por isso, não nos preocupamos com ela, o que é louvável. Mas também não a planejamos, o que é lamentável.

Se você está prestes a ingressar ou já ingressou na chamada segunda idade, comece desde já a planejar a terceira. Para que ela seja tão ou mais tranquila do que foram as outras, planeje. Não deixe para quando estiver cansado a tarefa de afugentar os cinco fantasmas que costumam atormentar os velhos: os fantasmas da solidão, do ócio, da pobreza, da doença e da morte. Como desmascará-los desde já? É simples. Nunca deixe de conviver. Com a família. Com os amigos. Participe da vida em sociedade. Faça parte de clubes de serviço ou associações de classe. Tenha, além de seu trabalho normal, uma alternativa qualquer. Não desperdice hoje o que pode faltar amanhã. Lembre-se: dias de muito, véspera de nada. Seja parcimonioso. Poupe. Não leve uma vida desregrada ou viciada, tendente a prejudicar mais tarde a sua saúde.

Agora, se você já estiver vivendo a terceira idade e não a planejou, ou algo deu errado em sua vida, não se desespere. É sempre possível uma correção de rumo. Neste caso, evite a solidao. Se seus amigos já morreram, trate de arrumar outros. Não caia no ócio. Todo o ocioso é infeliz. Você ainda pode ser um participante da vida. Não precisa ser necessariamente espectador. Se precisar trabalhar, trabalhe. O trabalho, quando se gosta, é uma terapia. Velho não é morto. Leve uma vida mais modesta, se não consegue levar a de antigamente. A felicidade está nas coisas simples. E as coisas simples custam quase nada. A ostentação pode nos encher de vaidade, mas pode também nos tirar a tranquilidade.

Por último, enfrente o derradeiro fantasma, a morte. Em qualquer idade, estamos sujeitos a enfrentá-la. Se for mais cedo do que esperávamos, terá sido um acidente de percurso. Se mais tarde, quando velhos, uma consequência. Afinal, ninguém fica para semente. Todos os que viveram antes de você tiveram o mesmo fim. É morrendo, disse São Francisco de Assis, que se vive. Apenas esteja preparado, como disse Jesus. Não viva pensando na morte. Planejada a sua vida, esconda este último fantasma dentro de um velho baú qualquer. E esqueça-o. Com certeza, não será você quem vai abri-lo.

-18-
CLÃ DOS GIACOBBO

Se, no início destas minhas memórias, expus como e de onde vieram e quem haviam sido os meus pais, os pais dos meus pais, os meus ancestrais, enfim, nada mais justo, ao final delas, eu deixar consignados os nomes do clã dos Giacobbo, por ordem de idade, a partir da mais velha.

Hespéria, casada com Gonçalo Rodrigues, ambos já falecidos, deixaram, na ordem de idade, os filhos Maria Amélia, Lenora, Marco Antônio, Gonçalinho e Ulisses.

Hespéria era muito bonita. Como já consignei nestas memórias, eu afinava com ela. Ambos gostávamos de ler. E de escrever. O lado pitoresco é que, certa vez, lhe emprestei um dinheiro, o que prenunciava o banqueiro de mais tarde, e não larguei de seu pé até ela me pagar.

Enquanto escrevo este livro, chegou-me às mãos, através de sua filha, minha sobrinha, o seguinte escrito de sua lavra:

Velho poço

Meio escondido por altas árvores que crescem em derredor, lá está, imóvel e silencioso, o velho poço sombrio, de águas paradas.

Por sobre suas paredes que a pátina do tempo já quase escureceu, as plantas parasitas enroscaram-se como milhões de braços sinuosos e flexíveis. O lugar é triste e ermo, e a atmosfera ali mais fria e úmida.

Porém, o velho poço já conheceu também seus dias de esplendor.

Ali, em tardes de outrora, chegavam cantando raparigas de cátaros ao ombro, e ao curvarem-se para enchê-los com suas águas (então límpidas e cristalinas) o velho poço refletia-lhes as imagens sorridentes. Mas um dia, não sei por que, desertaram as raparigas, talvez porque encontrassem outro poço menos distante.

Agora, na hora mágica do entardecer, um raio de sol insinuando-se por uma abertura da folhagem vem dourar o velho poço sombrio. Ele tem, então, um reflexo quiçá mais belo que o de outrora, e ao pôr do sol suas paredes cobertas de liquens adquirem a impressionante grandiosidade das antigas ruinas.

Ó, vidas de águas paradas, qual velho poço sombrio! Não vos encerreis em vós mesmas, tristonhas e silenciosas. Deixai que, por entre a ramagem cerrada, um raio de sol vos venha iluminar o caminho!

Que importa que já seja ao entardecer?

É sempre bem-vindo um raio de sol que nos aqueça o coração!

Cauby, também já falecido, casado com Maria Célia Braga, deixou os filhos Francisco, Marcos Vinicius, Jussara, Rosana, Roberto, Antônio, Amélia e Maria Luiza. Já escrevi sobre ele no relato sobre a minha mudança para Porto Alegre, e inclusive mencionei meu artigo publicado no *Jornal do Comércio* por ocasião de sua morte, "Apenas um pai de família". Era mais que um irmão. Em determinado momento, foi um pai.

Joubert, casado em primeiras núpcias com Zilda Zugno, teve a filha Suzel Regine, uma rica criatura precocemente falecida, e o filho Saint Clair, casado com minha filha Fernanda Ivelise. Do casamento em segundas núpcias com Maria Célia Leitão, deixa os filhos Joubert e Simone. Joubert demonstrou sempre muita inteligência. Ingressou por concurso no Banco do Estado do Rio Grande do Sul S.A. e, depois, também por concurso, no Banco do Brasil S.A., tendo sido, em determinada época, Gerente da filial de Cachoeira de Sul. Transferido mais tarde para o Rio de Janeiro, lá diplomou-se em advocacia e fixou residência, onde vive até hoje.

O quarto membro do clã Masseron Giacobbo, o Eddie — ou Dico na linguagem familiar de então — também exerceu com sucesso a vocação de fotógrafo. Casado com Solange Diniz, ambos falecidos, deixou os filhos Larry, Leila, Laerte, Líbia, Lorena, Giovanna, Eddy e Alessandra.

O sexto membro, Simone, casada com Rubens Pereira, ambos falecidos, deixaram os filhos Rubens, Daniel, Maria da Graça, Denise e Francisco.

Por fim, minha irmã mais nova, Maria Teresa, casou-se com Carlos Alberto Caldeira, já falecido, e desse casamento nasceram as filhas Maria de Fátima e Fabiane.

Com o meu casamento com Eunice Ferreira Garcia, nasceu o nosso próprio clã, o clã dos Garcia-Giacobbo, constituído da Fernanda Ivelise, Maria Cristina, João Batista e Daniela, os quais, através de seus respectivos casamentos, deram mais vida à nossa família.

Do casamento da Fernanda Ivelise com o primo Saint Clair, vieram o Bruno e o Lucas. Do casamento de Maria Cristina com o Leo Fredi Riffel, a Mirelle, a Melanie e os gêmeos Klaus e Max. Do segundo casamento do João Batista, a Emily, infelizmente precocemente falecida, e o Luiz Arthur. Por último, do casamento de Daniela com Flávio Dahlen da Rosa, che garam os gêmeos, Álvaro e Octávio.

A vinda de nossos netos se constituiu, apesar de todos os percalços naturais, num dos períodos mais bonitos de nossa vida, minha e da Eunice. É quando a gente começa a envelhecer, mas começa também, apesar dos pesares, a colher tudo quanto de bonito conseguiu plantar.

Logo após seu casamento, nossa filha Fernanda Ivelise passou a morar no Rio de Janeiro. Seus filhos cresceram, por assim dizer, longe de nós. Não pudemos dar-lhes os afagos naturais e curti-los como gostaríamos. Algumas vezes eles vieram até nós, não tantas vezes quantas gostaríamos que tivessem vindo. Noutras nós fomos até eles. Crescidos, o Bruno se tornou jornalista e o Lucas médico e escritor, com livros publicados.

Com nossa filha Maria Cristina — Kitty, na intimidade — nossa convivência, com ela e seus filhos, tem sido permanente. Demos-lhe todo o apoio quando de sua lamentável, aos nossos olhos, separação conjugal e a perda de uma filha, que não sobreviveu. Assistimos e curtimos o crescimento de cada um de seus filhos. Sofremos com a doença da Mirelle, quando precisou se tratar nos Estados Unidos, mas nos regozijamos com o nascimento da Costanza, carinhosamente chamada de Bimba, filha de seu curto casamento com Ângelo Salvetti. Nos orgulhamos com a formatura do Klaus, como advogado, e do Max como engenheiro. Max, casado com a Fabiana Schneider, já nos presenteou com as bisnetas Catarina e Germana. Por último, enquanto eu redigia o final destas memórias, festejamos o nascimento de uma nova bisneta, a Lorena, filha do casamento da Melanie com o Fábio Tredler, residentes no Rio de Janeiro.

Esta minha biografia se deve aos meus netos, em especial ao Max e ao Lucas. O primeiro, curioso, sempre querendo saber histórias da família, e o segundo pelo empenho na publicação deste livro. Que, infelizmente, contém uma nota triste: a ausência de nossa querida Eunice, a quem tudo se deve. E com quem, num dia qualquer, nos reencontraremos no céu.

Já com nosso filho João Batista, nem tudo, infelizmente, correu como a mãe e eu, como qualquer mãe e pai, desejavam. Separado do primeiro casamento, de pequena duração, contraiu um segundo casamento, também desfeito, não nos dando oportunidade, como gostaríamos, de ter curtido melhor os dois filhos que ficaram com a mãe: a Emily e o meu xará Luiz Arthur, Tuio na intimidade. Graças a Deus, enquanto escrevo estas memórias, João Batista está curtindo um casamento feliz com a professora Tania Melo.

Por último, com nossa caçula Daniela, nem tudo tampouco aconteceu como gostaríamos que tivesse acontecido.

Quando os gêmeos, Álvaro e Octávio, festejaram um ano, um aninho apenas, o casamento acabou. Não nos coube analisar a razão. A solução foi transformar o limão numa limonada. Apenas nos perguntando, como fiz através de uma de minhas crônicas no *Jornal do Comércio*, intitulada "Afinal, onde nós erramos?" e publicada na edição do dia 23 de dezembro de 1997:

Casados há quarenta e quatro anos, com quatro filhos e dez netos, seguidamente nós, minha mulher e eu, nos questionamos: onde, afinal, nós erramos?

Fomos um casal consciente de suas obrigações. De esposos, pais, cidadãos e católicos. Educamos nossos filhos, três mulheres e um homem, dentro dos princípios que achávamos os melhores, com vistas a seu bem e à sua felicidade. Procuramos dar-lhes, o que é mais importante, um bom exemplo. De pais sérios, honestos, corretos e trabalhadores. Nunca faltamos aos nossos deveres. Conjugais e paternais. E, sobretudo, lhes demos amor. Muito amor. Os educamos para o amor. Isto porque, entendemos, a pessoa é tanto mais feliz quanto mais amada. Embora com sacrifício, lhes proporcionamos a melhor educação. Em educandários católicos, onde, esperávamos, receberiam, como receberam, a par do ensino normal, uma educação religiosa. Como nós havíamos recebido. De outro lado, em matéria de conforto, procuramos que nada lhes faltasse.

Nosso objetivo era que pudessem, com todas as armas possíveis, enfrentar o mundo, como nós havíamos enfrentado. Que continuassem sendo felizes como nós sempre fomos. E somos. Para nós, eles estiveram acima de tudo. De nossa realização pessoal. Profissional, no meu caso. De nosso bem-estar social. Até mesmo, acima de nossas próprias vidas. *Se Deus*, sempre pensamos, *tivesse de levar alguém de nosso convívio, que levasse um de nós dois*. A nossa alegria era a deles. O nosso sucesso o seu. A nossa felicidade a sua. Eles foram realmente desejados. Em decorrência, nossos filhos, enquanto conosco, foram felizes. Como quisemos que fossem. Aos domingos, na missa de nossa igreja, lá estávamos os seis, no primeiro banco. Participantes. Nas festas, nos regozijávamos com eles. Com eles sofríamos. Eles eram, sem dúvida, a nossa razão de ser. Por isso os tivemos. Por eles nos sacrificamos. A ponto de hoje não termos praticamente nada. A não ser eles.

Mas, os planos de Deus nem sempre são tão cor de rosa como os nossos. Três de nossos filhos se casaram e se separaram. Não puderam dar continuidade à felicidade conjugal e familiar que lhes demos como exemplo. E com que tanto sonhamos. Uma vez que, para nós, a família sempre foi tudo. Aí entra o nosso questionamento. Por que Deus nos preparou essa surpresa? Logo a nós. De quem foi a culpa? Deles? Nossa, que talvez não soubemos educá-los? Da sociedade em que vivemos, onde tudo é descartável? Marido, mulher, filhos?

Onde nós erramos? Se erramos, não sei. Só uma coisa minha mulher e eu sabemos: se tivéssemos de criar nossos filhos de novo, nós os criaríamos da mesma maneira, Talvez um pouquinho diferente. Nós tentaríamos segurar o tempo. Para que mais tempo eles ficassem conosco. E lhes daríamos mais amor. Muito mais amor. Para compensar o amor que a vida lhes viesse a negar.

Quanto a cônjuges que se separam, quase um hábito na sociedade moderna, nós —meus filhos não sei — fazemos nossas as palavras de Jó: "Deus os deu, Deus os tirou. Bendita seja a vontade de Deus".

Afinal, Ele sempre tem uma ideia melhor.

Em 21 de maio de 1998, voltei ao *Jornal do Comércio* com mais uma crônica, intitulada "A bola perdida":

Vão para mais de seis anos que nossos netos gêmeos, hoje com quase oito de idade, são nossos hóspedes diários de fim de tarde, quando filam nosso banho e nossa janta. Como se não bastasse, vez por outra transformam nosso apartamento em campo de futebol. Que fazer? Avós são para isso mesmo. O pior, entretanto, é quando o jogo termina em pancadaria. Aí, então, juiz improvisado, resolvo entrar em campo para apartar os contendores. Dia destes, minha mulher, muito exagerada, me tirou de uma pacífica leitura para informar que os jogadores estavam quase se matando (sic)!

Não passava de mais uma de suas desavenças. Desta vez, porém, perdi a paciência. E resolvi tomar uma atitude mais drástica: dei por terminada a pelada. Passei a mão na bola e a varejei janela afora. Pretendia jogá-la no pátio traseiro de nosso prédio, onde, mais tarde, tendo os craques já se mandado, poderia buscá-la para o jogo do dia seguinte. Infelizmente, errei o alvo. E a bola, uma velha bola usada, foi parar num matagal. Um depósito de lixo, existente em pleno Moinhos de Vento, esquecido pela prefeitura.

Foi quando aconteceu de parte dos meus netos uma reação inesperada. Para mim, ao menos. Afinal, eu havia jogado fora uma simples bola. Uma bola meio rasgada. Uma bola até mesmo suja. Mas foi o suficiente para que os jogadores, aos prantos, tentassem agredir o juiz. O juiz-avô que, minutos antes, os havia recebido com o carinho habitual.

Embora surpreso com a inusitada reação, eu a compreendi perfeitamente. Pais separados desde quando tinham apenas um ano, eles na verdade já perderam muito, em tão pouco tempo de vida. Uma bola, uma simples bola que seja, é algo importante para eles. Seja o que for que lhes pertença, e com que se afeiçoam, eles não querem perder. Sem ao menos reagir.

A vida, coitados, eles ainda não sabem, não é como nós a queremos. Algumas vezes ela nos tira mais do que nos dá. Outras, nem sequer nos chega a dar. A toda a hora estamos assistindo ao drama de pessoas que perderam tudo, desde um simples barraco até entes queridos. Seja pela seca, pelas enchentes, seja pela criminalidade. Impotentes, a tudo assistimos sem nada poder fazer. Assim, minha primeira reação foi reaver a bola. Custasse o que custasse. Dia seguinte, lá foi minha mulher em busca de uma bola nova. Se possível, igual à perdida. Felizmente encontrou. O importante, porém, não é ganhar algo novo. É dar valor ao que se tem. Ainda que pouco.

A mim, ao menos, sempre me doeu perder o que me pertence. Não descanso enquanto não vou buscá-lo de volta. Este exemplo procurei dar aos meus netos. Para tanto, entrei no matagal. Enfrentei o barro, o aclive, insetos e espinhos, à procura da bola perdida. Lá estava ela. Quietinha, sujinha, molhada. Passara a noite ao relento. Encolhida, como fugindo dos pontapés diários. Peguei-a, como um craque levanta o troféu para exibi-lo à plateia. A alegria de encontrá-la superou o esforço exigido dos meus setenta anos.

Se dependesse de mim, criança alguma seguiria pela vida carregando a tristeza de uma bola perdida. Bastam os traumas mais sérios que, sem o querer, a vida nos impinge. Como, por exemplo, a falta de um lar completo, que nos transmita segurança, amor, muito amor e felicidade.

Como que perdoando os nossos desentendimentos no "caso da bola perdida", em 12 de novembro de 1997 recebi uma carta do Octávio, escrita de próprio punho, me convidando para ir à sua casa, dizendo que eu não iria me arrepender. Devo ter ido. No ano seguinte, no dia 16 de julho de 1998, data do meu aniversário, recebi ima nova carta, pelo correio e escrita de próprio punho, nos seguintes termos:

Querido Vô: eu desejo muita felicidade e muito amor no seu coração pelas falhas. Mas acredito que no seu coração ainda haverá muita felicidade. Eu te amo pelos 74 anos de vida e um parabéns, só para você, do seu querido neto Octávio.

Além do apreço que tinha pelos avós, já pintava ali o jovem e inteligente advogado de hoje.

Epílogo

Seria deselegante, e até mesmo incompreensível, que nestas minhas modestas lembranças eu deixasse de consignar a passagem,
e até mesmo a forte influência que certas personalidades tiveram
em minha vida. A começar pela influência religiosa, já anteriormente anotada, e proveniente desde quando, como meus irmãos
mais velhos, fui coroinha da Igreja Matriz de São Pedro, em Rio
Grande. De coroinha passei a afilhado de crisma do vigário, o
cearense Pe. Eurico de Melo Magalhães, que me proporcionou
a passagem e a vivência gratuita como seminarista, durante seis
anos, no Seminário Menor de Santa Maria.

Longe do seminário e da família, já lutando pela vida,
funcionário do Banco Agrícola Mercantil S.A., encontrei um
novo paradigma: o diretor Kurt Weissheimer, que não por puxa-
-saquismo, mas por identificação, foi meu padrinho de casamento, junto com sua esposa dona Celina Westphalen Weissheimer.

Mais adiante, e ainda no banco, em determinada campanha eleitoral meu candidato pelo PTB era o Dr. Egydio Michaelsen, também diretor do banco. Já membro da Ala Moça, passei
a fazer sua campanha Os candidatos tinham suas bancas com
propaganda, espalhadas pela cidade. Eu ia com ele, visitando as
bancas para ver se ainda tinham os seus folhetos e reabastece-
-los, se fosse o caso.

Ainda no campo religioso, tive igualmente minhas fi-
xações. Uma delas, além do meu amigo Pe. Florindo Ciman,

já lembrado nestas memórias quando do convite para reavivar a ADCE, realço o meu apreço por Dom Antônio do Carmo Cheuiche. Quando do falecimento de minha querida esposa, foi ele quem intercedeu junto ao arcebispo para eu voltar, como voltei por algum tempo, a ser Ministro da Eucaristia.

Ao final, não poderia deixar de consignar a figura e a pessoa que representou para mim Aron Birmann, fundador e diretor, enquanto vivo, do Banco Crefisul S.A., de que participei, trabalhando, durante um quarto de minha vida. Aron Birmann me recebeu e em mim confiou, quando outros me rejeitaram.

Já figuras outras, estas no campo familiar e particular, que cruzaram pela minha vida conforme lembradas nestas memórias, seria enfadonho tornar a enumerá-las.

Finalmente, não poderia encerrar estas minhas despretensiosas memórias sem deixar aos meus eventuais leitores esta página de minha autoria, publicada nos idos de janeiro de 1975, no *Jornal do Povo*, de Cachoeira do Sul:

A maior felicidade

A felicidade consiste em o homem preservar
o seu próprio ser.
Espinosa

A despersonalização nos leva à infelicidade. Porque nos induz a desejar o que os outros possuem e a esquecer o que possuímos em nós mesmos.

Ainda que em estado potencial, latente, embrionário, a cobiça pelo que é dos outros gera a inveja. Que é um dos cinco grandes inimigos da paz. Da paz interna. Pessoal. Que, só esta, pode neste mundo nos tornar felizes. É por isso que sempre que escrevem ou falam sobre a felicidade os autores são unânimes em dizer que ela se encontra dentro de nós. Não adianta procurá-la fora. Ela é inatingível.

Houve um pequeno episódio, quase insignificante, em minha infância, que, no entanto, me restou indelevelmente fixado na memória, pelo que representou e continua representando em meu modo de ser. Existia na minha cidade natal um parque, à época muito bonito. Aos olhos infantis, tudo é bonito. Tudo é bom. Na Páscoa, nele se escondiam ovos para as crianças procurarem. Lembro-me muito bem que, na hora da largada, corri para todos os lados, sem uma direção definida. A cada exclamação de um achado por parte de outros meninos, eu corria na sua direção. Mas, como evidente, acabava chegando sempre atrasado. Assim ocorreu inúmeras vezes. E, ao que parece, acabei sem achar nenhum, ou talvez um, enquanto os outros, que se definiram, acabaram por encontrar vários ovinhos. Eu não definira o meu próprio objetivo. Havia corrido atrás do objetivo dos outros.

Li algures que um certo escritor anunciou que fora um homem feliz todos os dias de sua vida adulta. Reconhecia, naturalmente, que houvera dias de desemprego e fome. Dias de pesar. Dias de náusea e doença. Mas, em cada um desses dias, ele conseguira entrar em contato com a parte mais profunda de si mesmo, que funcionava de maneira estável, sadia e feliz. Um estado de felicidade envolvente e permanente, concluía o autor, é muito raro, mas não impossível.

Comprei, outro dia, um pequeno cartaz, que coloquei embaixo do vidro da minha mesa de trabalho. Nele está contido o seguinte pensamento de uma tal Teresa Merlo, que, confesso a minha ignorância, não sei de quem se trata: "Não podemos estar sempre na alegria. Podemos, contudo, estar sempre na paz". Um sujeito que andasse sempre rindo seria com efeito muito mais um bobo contente do que um homem feliz. Em paz, porém, todos podemos andar. É só querer.

A indefinição ou o fracasso na conquista dos nossos objetivos nos leva à frustração, que, se não for resolvida, nos conduzirá, fatalmente, à inveja, roubando-nos a paz interior. De nada adianta viver namorando o que os outros conseguiram. O que os outros encontraram. Temos que medir as nossas potencialidades. Ver até onde podemos ir. Determinar um objetivo, e depois encetar esforços para alcançá-lo. Se, por acaso, não chegarmos a atingi-lo, restar-nos-á a satisfação do esforço despendido. Afinal, a alegria e o prazer não estão na conquista final das coisas, no acabamento da obra ou do ato. Ao longo da estrada há muito com que nos inebriamos. Há muito canteiro a plantar e muita flor a escolher.

June Callwood, num livro em que aborda algumas emoções humanas, expõe essa judiciosa apreciação:

As pessoas infelizes raramente culpam a si mesmas por seu estado. São os seus empregos que não prestam, os seus casamentos, ou a mesquinharia dos pais ou a maldade do destino. A verdadeira causa é, porém, a incoerência de suas vidas. Estéreis e confusas, não têm calor para dar, quer no trabalho, quer no divertimento, quer no amor. Esperam apaticamente pela visita da fada madrinha e, enquanto isso, procuram desviar a atenção do abismo de aridez e tédio que têm dentro de si. A ideia mais afastada de suas cabeças é a de melhorarem a própria sorte, procurando se autorreconstruir.

Na vida somos todos diferentes. O que falta num, sobra no outro, e vice-versa. Não há alguém tão pobre que não tenha nada para dar. Nem alguém tão rico que não tenha algo a receber. Quer se trate de coisas materiais, quer espirituais. Ninguém precisa invejar ninguém. Todos temos momentos de fossa. Todos temos o nosso Tabor e todos temos o nosso Calvário. Se alguém desejar o sorriso, deve preparar os sulcos de sua face por onde possam escorrer as lágrimas. Eu sou eu, você é você. Jamais poderíamos fazer o transplante de nossas personalidades. Se o conseguíssemos, teríamos perdido o nosso próprio ser, com todas as idiossincrasias que lhe são próprias.

A alegria do rosto nem sempre exprime a paz do coração. "A maior felicidade que um homem pode possuir", escreveu o grande escritor sacro Jacques Bossuet, "é a de ver sem inveja a felicidade alheia".

-Álbum de Família-

Maria Amélia e Francisco.

Simone, Hespéria e Maria Teresa.

Joubert, Eddy, Cauby e Luiz Arthur.

Em pé: Maria Cristina, João Batista e Daniela.
Sentados: Luiz Arthur, Fernanda e Eunice.

.

www.ingramcontent.com/pod-product-compliance
Lightning Source LLC
Chambersburg PA
CBHW060744050426
42449CB00008B/1303